POLYGLOTT on tour

Madeira

Susanne Lipps

Special

Allgemeines

Städtebeschreibungen

Ein Bummel durch die Hauptstadt Madeiras mit ihren tropischen Parkanlagen, den ehrwürdigen Palästen und der lebhaften Altstadt.

Eine alte Stadt mit neuem Wind: Machico entwickelte sich von der Provinzstadt zum Touristenzentrum.

Touren

Tour 1

Der blütenreiche Osten

Seite 65

Hier erhält man die Bestätigung für Madeiras Beinamen »Blumeninsel im Atlantik«. Karg und wüstenhaft präsentiert sich dagegen die Ostspitze der Insel.

Tour 2

Rund um die höchsten Gipfel

Seite 76

Man kann nur staunen über die zerklüftete Bergwelt wie auch über den verwegenen Verlauf der Straße nach Porto Moniz entlang der wilden Nordküste.

Tour 3

Entdeckungsreise in den Westen

Seite 88

Fast gespenstisch ist die Fahrt über die einsame Hochebene Paúl da Serra. An der Südküste lädt so manches kunsthistorische Kleinod zum Besuch ein.

Tour 4

Porto Santo – Die Strandinsel

Seite 95

Sand und Sonne sind die Kennzeichen der kleinen Schwesterinsel Madeiras. Auch Christoph Kolumbus hat hier seine Spuren hinterlassen.

Rechts: Markttreiben im Mercado dos Lavradores in Funchal

Bildnachweis

Alle Fotos APA Publications/Phil Wood außer Hans-Joachim Arndt: 8/9 (Fondbild); Karl-Heinz Daniel: 23, 28, 31 (1); Udo Haafke: 92; Rainer Hackenberg: 89; Rita Henß: 73; Marlis Kappelhoff: 1, 4/5, 10, 10/11 (Fondbild), 13, 22, 38, 45, 60; Dr. Susanne Lipps: 6, 8, 9, 11, 17, 27, 39, 49 (1), 50, 57, 62, 74, 82 (2), 86, 96 (1), 98, Umschlag Rückseite (1); Walter Storto: 67 (2); Ernst Wrba: 6/7 (Fondbild), 7, 14 (1), 78; Titelbild: Bilderberg/Till Leeser.

Kellereien und Probierstuben

Am besten kauft man direkt beim Hersteller, wo man während der normalen Ladenöffnungszeiten gratis verschiedene Weine der preiswerteren Sorten testen kann. Teurere Weine zu probieren, kostet meist extra. Die Flaschen werden in Kartons mit Tragegriff verpackt, sodass man sie problemlos als Handgepäck mit ins Flugzeug nehmen kann.

Weinkellereien:

- **Madeira Wine Company** (s. S. 7). Riesige Auswahl, zwei Probierstuben. Einzelgäste sitzen im vorderen Raum, der mit Gemälden von Max Römer geschmückt ist.
- **Barros e Sousa,** Funchal, Rua dos Ferreiros 109, Tel. 291 22 0622. Herrlich altmodisch; nur hochwertige »Canteiro«-Weine (s. S. 7). Edmundo Barros zeigt gern die Eichenfässer, die schon sein Großvater befüllt hat.
- **Pereira D'Oliveira,** Funchal, Rua dos Ferreiros 107, Tel. 291 22 0784. Auch ein lebendes Museum, aber mehr auf Touristen eingestellt. Verkostet wird an kleinen runden Tischen, um die sich winzige Hocker gruppieren. Dazu gibt es Honigkuchen.
- **H. M. Borges,** Funchal, Rua 31 de Janeiro 82, Tel. 291 22 3247. Ruhiger Familienbetrieb, auf preisgünstige Qualitäten spezialisiert. Neben der Probierstube kann man den Weinkeller besichtigen.
- **Vinhos Barbeito,** Funchal, Estrada Monumental 145, Tel. 291 76 1829. Nostalgisches Ambiente aus der Zeit des Jugendstils. Eine Probierstube gibt es auch in der Avenida Arriaga 48.
- **Henriques & Henriques,** Câmara de Lobos, Sítio de Belém, Tel. 291 94 1551. Investiert mit Erfolg in moderne Produktionsverfahren. Paula Ramos leitet mit viel Charme Probierstube und Verkaufsraum, wo man außer Wein auch einheimischen Rum und Liköre erstehen kann.

Tischweine

Die Inselregierung versucht heute Winzer zur Produktion von leichteren Tropfen anzuregen. Erste Ergebnisse finden sich in gut sortierten Supermärkten und Weinhandlungen sowie auf den Karten besserer Restaurants – zu stolzen Preisen. Empfehlenswert: Weiß- und Roséweine der Madeira Wine Company (Marke »Atlantis«) sowie Weiß- und Rotweine der Winzerkooperative von São Vicente (Marke »Enxurros«).

Was lange gärt ...

Als typisches Modegetränk des 19.Jh. hatte es der Madeira-Wein in jüngerer Zeit schwer, doch heute ist er wieder im Aufwind. Man genießt den edlen Tropfen vor einem üppigen Menü als Aperitif, die süßen Sorten auch zum Dessert oder nach dem Essen am Kamin. Seinen relativ hohen Alkoholgehalt von ca. 18 Vol.-% verdankt der Madeira der Zugabe von reinem Alkohol.

Sorten und Qualitäten

Vier Geschmacksrichtungen werden angeboten, die im Idealfall den edlen Rebsorten Malvasia (süß), Boal (halbsüß), Verdelho (halbtrocken) und Sercial (trocken) entsprechen. Diese sind jedoch rar und nur in teuren Weinen zu finden. Weniger edle Tropfen erkennt man unschwer daran, dass die Angabe der Rebsorte auf dem Etikett fehlt. Madeira-Wein wird nach der Gärung mehrere Monate lang erhitzt und reift dann im Tank oder Fass. Meist kommt er als **3 years old** bzw. **Finest** für ca. 5 bis 6 € pro Flasche auf den Markt. Als **Reserve, Special Reserve** oder **Extra Reserve** bezeichnet man 5, 10 bzw. 15 Jahre alte Weine. Kenner bevorzugen Special Reserve (ca. 15 €). Besonders hochwertig sind die **Canteiro**-Weine, die während der Gärung nicht erhitzt werden, sondern auf natürliche Weise altern dürfen.

Interessantes über die Geschichte des Madeira-Weins erfährt man im **Museu do Vinho,** Funchal, Rua 5 de Outubro 78, Mo–Fr 9.30 bis 12, 14 bis 17 Uhr. Über Herstellung und Qualitäten informiert eine Führung durch den Weinkeller der **Madeira Wine Company** in Funchal (Rua de São Francisco 10, Mo-Fr 10.30 und 15.30, Sa 11 Uhr).

Madeira zu Fuß

Von grünen Tälern über schroffe Berggipfel bis hin zu wüstenhaften Landstrichen bietet Madeira eine unglaubliche landschaftliche Vielfalt. Die Wege entlang den Bewässerungsrinnen (Levadas) ermöglichen das Laufen fast ohne Anstrengung, sodass man sich ganz dem Genuss grandioser Ausblicke und der üppigen Flora widmen kann. Sportlichere Wanderer bevorzugen die Gebirgsregion oder die felsige Ostspitze. Festes Schuhwerk, Regenschutz, ein leichter Anorak und ein Pullover gehören ins Gepäck. Man sollte schwindelfrei und trittsicher sein!

Wanderliteratur

- **Wanderführer Madeira.** Goldstadt-Verlag, Pforzheim. 50 Routenvorschläge mit Wanderkarten.
- **Landschaften auf Madeira.** Sunflower Books, London (dt./engl.). Autotouren, Wanderungen und Picknicks.
- **Wandern auf Madeira.** DuMont aktiv. Wanderungen für alle Schwierigkeitsgrade.
- **Wanderkarte Madeira.** Goldstadt Verlag, Pforzheim. Maßstab 1:50 000; mit 50 kurzen Wegbeschreibungen.

Zu den 25 Quellen

ca. 2 Std. hin und zurück; leicht bis mittel

Abenteuerlich ist die Fahrt von der Hochebene Paúl da Serra hinab nach Rabaçal auf einer schmalen, kurvenreichen Strecke. Man startet am Straßenende, wo das Schild »25 Fontes« zum Ziel der Tour weist. Auf steinigem Pfad geht es abwärts zur romantischen Levada dos 25 Fontes. Schier undurchdringlicher Lorbeerdschungel säumt den Weg. An der Wasserrinne entlang wird es schmal, aber eine Mauer bietet Halt, bis der Felskessel der 25 Quellen erreicht ist. In ihn ergießen sich zahlreiche Wasserfälle – ein angenehm schattiger Ort für ein Picknick.

Sonnige Ostspitze

ca. 3 Std. hin und zurück; mittel

Viel Trittsicherheit ist auf der Ponta de São Lourenço vonnöten. Eine Bomben-Kondition wird hingegen nur an sehr heißen Tagen gefordert, da es kaum Höhenunterschiede gibt. Aufpassen muss man bei starkem Wind: Dann besser frühzeitig umkehren! Auch auf diesem Pfad gibt es viel fürs Auge: Brandungsumtoste Felsen und bizarre Lavaformationen bieten jede Menge Fotomotive. Der Weg ist mit Holzpflöcken und Steinmännchen gut markiert. Ziel ist eine idyllische Oase, wo umgeben von Palmen und Tamarisken ein schmuckes Hirtenhaus steht – wie geschaffen für eine Rast, bevor man den nahe gelegenen Aussichtsgipfel erklimmt. Am Ausgangs- und Endpunkt, der Baia de Abra, steht am frühen Nachmittag – dem abgekämpften Wanderer hochwillkommen – ein fahrbarer Getränkestand, der kühles Bier, Cola und Eis anbietet.

Die Gipfelrunde

ca. 5 Std.; anspruchsvoll

Vom Pico do Arieiro (1818 m) ziehen sich zwei kunstvoll angelegte Wege an steilen Abhängen hinüber zum höchsten Gipfel Madeiras, dem Pico Ruivo (1861 m). Unterwegs genießt man eine spektakuläre Sicht auf schroffe Spitzen, senkrechte Felswände – und wie aus der Flugzeugperspektive – weit übers Meer. Zunächst geht es über hohe Steinstufen steil hinab bis zu einer Weggabelung, dann rechts auf einem anstrengenden Treppenpfad über einen Sattel. Nach nochmaligem, kräftezehrendem Ab- und Wiederanstieg ist die Berghütte am Pico Ruivo erreicht, wo man sich stärken kann, bevor man wenig später mit dem herrlichen Panoramablick vom Gipfel für die Mühen belohnt wird. Nicht so anstrengend, jedoch etwas Schwindel erregend ist der Rückweg. Man sollte sich vorher nach dem Zustand der Strecke erkundigen, denn nach starken Regenfällen kommen Bergrutsche vor! Für zwei längere Tunnels ist eine Taschenlampe von Nutzen.

Geführte Wanderungen: Die deutschen Veranstalter **Wikinger Reisen** (Tel. 01 80/232 52 42), **Studiosus Reisen** (Tel. 0 89/500 60-0), **Hauser Exkursionen** (Tel. 0 89/23 50 06-0) u. a. bieten Wanderaufenthalte auf Madeira an. Vor Ort kann man bei zahlreichen einheimischen Veranstaltern einzelne Wandertage buchen, z. B. für rund 30 € bei **Turitrans** in Caniço de Baixo, Tel. 291 93 5532 (deutschsprachig).

Madeiras Gärten

Madeiras subtropische Blütenfülle zieht jeden in ihren Bann – sei es beim Besuch der zahlreichen öffentlichen Parks oder beim Blick in gepflegte Privatgärten. Die Inselbewohner hegen und pflegen ihre Pflanzen, doch dass alles so schön grünt ist zu einem Großteil dem milden Klima zu verdanken. Portugiesische Seefahrer und englische Weinhändler brachten Gewächse aus aller Welt mit, die auf Madeira bestens gedeihen.

Einen guten Überblick über die vielen Gewächse kann man sich beim Studium eines Pflanzen-Bestimmungsbuchs verschaffen:

- **Madeira – Pflanzen und Blumen** von L. O. Franquinho und A. DaCosta. Aussagekräftige Fotos von rund 400 Gewächsen, dazu kurze Erläuterungen. Im örtlichen Souvenirhandel erhältlich.
- **Blumenfest:** Höhepunkte der Festa da Flor in Funchal am letzten Aprilwochenende sind der Kinderumzug mit Blütenkostümen und der große Umzug mit einer Parade der Blumenwagen.

Jardim Botânico

Der einstige Wohnsitz der schottischen Familie Reid gibt mit seiner Parkanlage den Rahmen für den Botanischen Garten ab. Hier gedeihen neben prächtigen Orchideen zahlreiche andere tropische und subtropische Pflanzen. Auf einem Spaziergang zwischen Springbrunnen, Teichen und Vogelvolieren kann man sich vorstellen, wie die britischen Ladys früher eine idyllische Teestunde im Park verbracht haben. In den verschiedenen Themengärten erfährt man viel über exotische Obstbäume sowie über die einheimische Wildflora. Ein Bereich ist Sukkulenten (wasserspeichernde Pflanzen) gewidmet, ein anderer den Palmen. Wegen des tollen Ausblicks auf den Park sitzt man gern auf der Caféterrasse.
(tgl. 9–18 Uhr; Eintritt 1,50 €.)

Im Botanischen Garten werden Pflanzen aus eigener Nachzucht zum Kauf angeboten. Orchideen bekommt man im **Jardim Orquídea** (siehe S. 54) und in der **Quinta da Boa Vista** (siehe S. 53). Tropische Schnittblumen (Strelitzien, Anthurien u. a.), Blumenzwiebeln und -knollen werden in großer Auswahl in **Funchal** in der Markthalle und auf dem Blumenmarkt neben der Kathedrale angeboten.

Blandy's Garden

Eine von Kamelien gesäumte Allee führt in den gepflegten, 10 ha großen Park, der auch als *Quinta do Palheiro Ferreiro* bekannt ist. Unzählige Pflanzen aus aller Herren Länder wachsen hier, und selbst Botanikern dürfte es schwer fallen, sie alle zu bestimmen. Von ihrer viktorianischen Villa können die Blandys, die reichste Familie der Insel, auf den einzigartigen Garten hinabschauen. Französische Gartenelemente der Barockzeit fügen sich ungekünstelt in eine englische Parkanlage, die – der Natur nachempfunden – nahtlos in den Wald übergeht. Das **Inferno** trägt seinen Namen zu Recht, gleicht es doch mit zahlreichen Baumfarnen einer grünen Hölle. Im **Versunkenen Garten** sind im französischen Barockstil symmetrisch angeordnete Hecken zu fantasievollen Gebilden geschnitten. Durch einen blütenüberspannten Laubengang geht es hinab in den **Garten der Dame**, wo die Blütenpracht besonders üppig ist.
(Mo–Fr 9.30–12.30 Uhr; Eintritt 7 €.)

In **Blandy's Garden** gibt es zwar keine Einkehrmöglichkeit, in der Nähe lädt jedoch das **Hortensia Gardens Tea House** zur Tea Time mit klassischem Kuchenbuffet (an der Straße von Camacha nach Terreiro da Luta).

Jardins do Monte Palace

Einst war dieser wundervolle Garden der Park eines ehrwürdigen Hotels. Die jüngst renovierte Villa ist heute Mittelpunkt einer riesigen Anlage, in der nicht nur der alte Baumbestand erhalten blieb, sondern die von den neuen Besitzern (Familie Berardo) um zahlreiche weitere botanische Kostbarkeiten ergänzt wurde. Im Frühjahr blühen Azaleen, im Hochsommer setzen Klivien farbliche Akzente. Nahezu vollständig dürften die verschiedenen Palmfarnarten (Cycas) vertreten sein, die aus Südafrika und Asien stammen. Allerlei Skurrilitäten wie alte Steinmetzarbeiten, Fliesenbilder und chinesische Vasen stehen als Zierelemente unter den Bäumen oder in künstlich geschaffenen Grotten; marmorne Löwen figuren bewachen den Eingang zum Orientalischen Garten.

Im **Gartencafé** wird das im Eintrittspreis enthaltene Glas Madeira-Wein ausgeschenkt (Mo–Sa 9–18 Uhr; Eintritt 7,50 €; Plan an der Kasse)

Die drei Parks liegen in der Nähe von Funchal und sind bequem per Stadtbus zu erreichen.
Jardim Botánico: Linien 29, 30, 31. **Blandy's Garden:** Linie 36. **Monte:** Linien 20, 21.

Blumeninsel im Atlantik

Lage und Landschaft

Aus fünf Inseln setzt sich der Archipel Madeira zusammen: Madeira selbst, die Hauptinsel, ist zugleich mit Abstand die größte (741 km²); Porto Santo, die zweitgrößte Insel des Archipels, erreicht nur eine Fläche von 45 km²; und die Ilhas Desertas, Madeira im Südosten vorgelagert, sind zusammen gerade 1,4 km² groß. Diese drei wasserlosen Inseln sind unbewohnt.

Die knapp 300 000 Bewohner des Archipels leben fast ausschließlich auf der Hauptinsel, Porto Santo zählt etwa 5000 Menschen. Die Breitenlage Madeiras (33° Nord) entspricht ungefähr der der marokkanischen Stadt Casablanca.

Der höchste Berg Madeiras ist der Pico Ruivo mit 1862 m, der Pico do Facho, höchste Erhebung auf Porto Santo, erreicht nur 517 m. Während Flüsse und Bäche tiefe Schluchten in die steil aus dem Atlantik herausragende Insel Madeira geschnitten haben und die Brandung, die stetig an den Küsten nagt, steile Kliffs geschaffen hat, dehnt sich Porto Santo als eine weite Ebene aus mit kleineren Erhebungen. So verschieden die Inseln auch sind, beide sind vulkanischen Ursprungs. Ähnlich wie bei einem schwimmenden Eisberg ragt lediglich ein Bruchteil der Inselkörper über den Meeresspiegel heraus.

Im Verlauf von Jahrmillionen bildeten sich aus einer Serie von Eruptionen während des Tertiärs die Inseln Madeira und Porto Santo. Heute ist die vulkanische Aktivität in diesem Gebiet zur Ruhe gekommen. Seit der Entdeckung der Inseln sind keine Ausbrüche mehr registriert worden. Man weiß aber heute, dass noch vor rund 1000 Jahren – in geologischen Dimensionen eine unbedeutende Zeitspanne – kleinere Eruptionen stattgefunden haben. Am greifbarsten wird die Erdgeschichte Madeiras in dem für Besucher erschlossenen Vulkanhöhlensystem Grutas de São Vicente (s. S. 83).

Madeira besitzt einige schwarze, grobkiesige Strände und einen künstlichen Sandstrand bei Calheta. Außerdem hat man, jeweils die natürlichen Gegebenheiten nutzend, vielerorts Felsbadeanlagen gebaut, die sowohl das Baden im Meer wie auch in Becken ermöglichen. Porto Santo dagegen wartet mit einem einladenden 8 km langen, goldgelben Sandstrand auf.

Afrika oder Europa?

Vom portugiesischen Mutterland liegen die Inseln ca. 900 km entfernt, vom afrikanischen Cap Juby (Marokko) jedoch nur rund 600 km. So zählt der Archipel Madeira geografisch zu Afrika, politisch aber zu Europa.

Klima und Reisezeit

Fast schon sprichwörtlich ist das ganzjährig milde frühlingshafte Klima. Januar bis März sind die kältesten Monate, doch auch dann wird es nachts selten kälter als 14 °C, und tagsüber steigen die Temperaturen auf über 18 °C. Das Meerwasser ist mit 17 °C im Winter zum Baden allerdings recht frisch.

Der ausgleichende Einfluss des Atlantiks sorgt dafür, dass im Sommer das Thermometer auf Madeira kaum mehr als 25 °C anzeigt. Nur wenn der heiße Leste, ein aus Afrika kommender Südostwind, weht, ist ein Temperaturanstieg auf über 30 °C zu verzeichnen. Weht der Leste im dagegen Winter, verspricht dies tagelang Idealbedingungen für Ausflüge in die Bergwelt.

Die Wassertemperatur erreicht im September mit 23 °C ihren höchsten Wert, an den Küsten von Porto Santo sind es sogar noch ein paar Grad mehr. Von der Sonne bevorzugt sind die Südküste Madeiras und Porto Santo. Im wolkenreichen Norden Madeiras kann es leicht ein paar Grad kälter sein. Und je höher man ins Gebirge hinaufkommt, desto größer werden auch die Unterschiede zwischen Winter- und Sommer-, Tages- und Nachttemperaturen. Schon in 700 m Höhe beträgt die Durchschnittstemperatur im August nur noch 14 °C und im Februar gerade noch kalte 5 °C. In den Bergregionen friert es im Winter nachts sogar, und die Gipfel tragen hin und wieder für einige Tage eine Schneedecke.

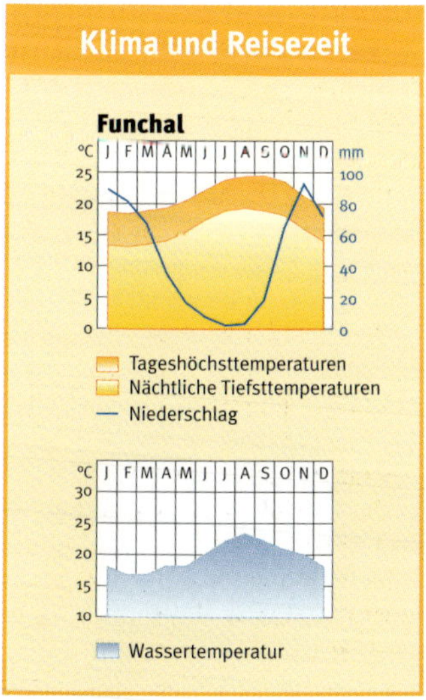

Zwischen Juni und September regnet es auf Madeira selten. Während der übrigen Monate herrscht wechselhaftes Wetter vor. In diese Zeit fallen die meisten Regentage (in Funchal im Mittel 55 Tage im Jahr bei etwa 650 mm Niederschlag). Die höchsten Regenmengen gehen an der Nordküste Madeiras und in der Gebirgszone nieder. Viel trockener ist es auf Porto Santo, dort regnet es nur 350 mm im Jahr.

Reisezeit ist eigentlich immer auf Madeira. Wer allerdings im Meer baden möchte, sollte die Wintermonate meiden. Wanderer können zu dieser Jahreszeit aber wunderschöne Tage in den Bergen erleben. Mit dem stabilsten Wetter kann man in den Sommermonaten bis weit in den Herbst hinein rechnen.

Baumheide und Farne in der Ribeira da Janela

Agapanthus

Pflanzenvielfalt

Tropische und subtropische Vegetation

Madeiras sprichwörtlicher Blütenzauber ist wohl der Hauptgrund für viele Besucher, die Insel zu bereisen. An der klimatisch begünstigten Südküste gedeihen tropische und subtropische Pflanzen in Hülle und Fülle. Parkanlagen und Gärten, ja sogar Straßenränder borden über vor farbenprächtigen Blüten. Englische Weinhändler waren es, die sich im 18. Jh. auf Madeira niedergelassen hatten und Pflanzen aus aller Welt in ihre Gärten holten. In der kleinen englischen Kolonie überbot man sich gegenseitig darin, die neuesten botanischen Raritäten sein Eigen zu nennen.

Farben haben auf Madeira immer Saison: Kommt man um die Jahreswende auf die Insel, dann fallen die riesigen Büsche des Weihnachtssterns überall ins Auge. Kamelien beginnen noch in den Wintermonaten zu blühen. Ende April umgeben sich die Alleen von Funchal mit einem zartlila Hauch, wenn die Blüten der Palisanderbäume noch vor den Blättern erscheinen. Die Ranken der Bougainvillea mit ihren violetten Scheinblüten überspannen Flussbetten und Mauern. Unentwegt treibt der Afrikanische Tulpenbaum neue tiefrote Blütenkelche.

Auch im Sommer gibt es auf Madeira im Gegensatz zu den Mittelmeerländern keine ausgesprochene Trockenzeit. Im Herbst erstrahlt der riesige Kapokbaum ganz in Violett, im Frühjahr fliegen seine baumwollähnlichen Samenkapseln durch die Luft.

Wälder und Hochlandgewächse

Ganz anders sieht es im gebirgigen Inselinneren aus. Die duftenden Eukalyptuswälder, in denen im Herbst die Belladonna-Lilie leuchtet, und die im Frühjahr zartgelb schimmernden Akazienhaine (von den Einheimischen Mimosa genannt) wurden von Menschenhand angelegt. Sie bedecken große Teile der Südabhänge Madeiras.

Im Norden dehnt sich noch der ursprüngliche Lorbeerwald aus, ein grüner Dschungel mit unzähligen Baum- und Strauchgewächsen sowie auch mit großblütigen Margeriten, Geranien und Fingerhüten, die es sonst nirgendwo auf der Welt gibt. Flechten hängen tropfnass von den Bäumen, Moose und Farne gibt es in großer Zahl. Aber auch in diesem immer feuchten Gebiet ist der Mensch tätig gewesen. Rhododendren und Azaleen zieren die Gartenanlagen, Agapanthus (Afrikanische Liebesblume) mit blauen und weißen Blütenkugeln und die prächtigen Hortensien säumen im Sommer die Straßen.

Auf den höchsten Gipfeln mit frostigen Nächten, aber recht warmen Tagen im Winter herrschen extreme Bedingungen für die Pflanzenwelt. So ist die Flora der der Alpen nicht unähnlich. Eine Rarität ist das gelbe Madeira-Veilchen. Urweltlich muten die knorrigen Wälder aus Baumheide an, die sich im Frühjahr ein unscheinbar weißes Blütenkleid zulegen. Probieren sollte man die Früchte der Madeira-Heidelbeere. Die Sträucher werden im Gegensatz zu unserer Gartenheidelbeere mannshoch.

Tierwelt

Vögel und Insekten

Madeira-Reisende stellen immer wieder mit Erstaunen fest, wie wenige Tiere man eigentlich auf der Insel sieht. Samen und Sporen von Pflanzen wurden vom Wind und von Vögeln über den Atlantik transportiert. Tiere mussten aus eigener Kraft kommen, was nur Fledermäusen, Vögeln und Insekten möglich war. So ist es nicht weiter verwunderlich, dass Vögel (mit rund 200 Arten, davon knapp 40 Brutvogelarten) und Insekten (etwa 700 Arten) die größten auf Madeira vertretenen Tiergruppen sind.

Viele Vogelarten hat der Mensch durch Jagd dezimiert und, wie im Fall der Madeira-Ringeltaube, an den Rand der Ausrottung gebracht. Bessere Überlebenschancen hatten Greifvögel (Bussard, Falke) und die kleineren Vogelarten, die in den Wäldern leben, z.B. das Madeira-Sommergoldhähnchen, das oft zu sehen ist, oder der Madeira-Buchfink.

Viele der auf Madeira vorkommenden Insektenarten haben im Lauf der Zeit ihre Flugfähigkeit verloren und sind daher recht unauffällig. Andere sind der Landwirtschaft zum Opfer gefallen, denn auch hier werden Insektizide gesprüht. Recht selten sind zum Glück die lästigen Stechmücken.

Die Madeira-Mauereidechse ist vielleicht mit Treibgut auf die Insel gekommen. Sie ist sehr verbreitet und richtet in den Weinbergen und Obstplantagen große Schäden an. Eine zweite Reptilienart ist der äußerst seltene Mauergecko. Alle Haustiere (Kühe, Schafe, Ziegen und Schweine) sowie Kaninchen, Igel und Mäuse hat der Mensch auf die Insel gebracht. Dies gilt auch für die Forellen, die man hier und da in Bächen oder Levadas entdeckt.

Fische und Meereslebewesen

Die Gewässer rund um Madeira sind nicht sonderlich fischreich. Überfischung und die heute zum Glück verbotene Dynamitfischerei haben zudem für eine Dezimierung der Bestände gesorgt. Am häufigsten ist der Tunfisch, der mehr als die Hälfte der Fänge ausmacht und in Dosen exportiert wird. Auf den Speisekarten findet man v. a. den Schwarzen Degenfisch (s. S. 30).

Die Küsten des Archipels wurden 1986 zum Meeresnationalpark erklärt, vor allem zum Schutz der Meeressäugetiere. Dies betrifft den Pottwal, dessen Fang 1982 auf Madeira eingestellt wurde, ebenso wie die Mittelmeer-

Mönchsrobbe, von der heute wieder ca. 25 Exemplare bei den Ilhas Desertas leben, nachdem der Bestand vorübergehend auf 8 geschrumpft war. Auch vor Madeira wurden die scheuen Tiere in jüngerer Zeit mehrfach beobachtet. An der Ponta de São Lourenço und am Rocha do Navio (bei Santana) hofft man sie wieder anzusiedeln.

Umweltprobleme

Abwässer setzen der Meeresfauna zu, Kläranlagen gibt es bisher nur in Funchal und auf Porto Santo. Ein viel größeres Problem aber stellt der Schlamm dar, den die Flüsse nach jedem Regen ins Meer transportieren. Das Leben am Meeresboden, darunter

Levadas – ein Netz von Wasserrinnen

Levadas – schmale Wasserkanäle, in denen das kostbare Nass aus Quellen oft über viele Kilometer hinweg zwecks Bewässerung der Felder transportiert wird – verbindet man automatisch mit Madeira. Zwar sind ähnliche Bewässerungssysteme schon seit der Römerzeit in vielen Mittelmeerländern bekannt, doch nirgendwo hat man sie zu solcher Perfektion gebracht. 5000 Kilometer soll das Netz der Bewässerungsrinnen lang sein, zählt man all die kleinen Abzweigungen mit, die von den Hauptkanälen auf sorgfältig angelegte Terrassenfelder führen.

Die ersten Levadas auf Madeira wurden vielleicht von Maurensklaven angelegt. Schon die Zuckerrohrplantagen im 15. Jh. verfügten über Bewässerungsanlagen, denn das süße Rohr benötigt bis zur Ernte enorm viel Wasser. Damals sprudelten auf der Südseite Madeiras noch viele Quellen, so dürften die ersten, zunächst noch privaten Levadas gerade ein paar hundert Meter lang gewesen sein. Als man Mitte des 16. Jhs. zum Weinbau überging, verfielen diese Kanäle, denn Wein brauchte nicht bewässert zu werden. Erst mit der Wiedereinführung des Zuckerrohranbaus im 19. Jh. musste man sich erneut um die Bewässerung kümmern. Doch waren inzwischen viele Quellen versiegt, und man musste das Wasser nun umständlich von der regenreicheren Nordseite herbeischaffen. Über viele Kilometer hinweg wurden die kurvenreichen Levadas mit geringstem Gefälle verlegt – eine enorme Ingenieurleistung, aber auch ein hartes Los für die Bauarbeiter, die oft unter Lebensgefahr mit der Spitzhacke die Rinnen ins Gestein hauen mussten.

Seither ist der Wasserverbrauch stetig gestiegen. Noch heute wird das Levada-Netz von der Regierung erweitert. Auch die alten Levadas, die durch Täler und an Bergrücken angelegt wurden, sind noch lebensnotwendig für Madeira. Sie erfreuen vor allem den Wanderer, der die steilsten Hänge und die bizarrsten Schluchten auf bequemen Pfaden entlang der Levadas ohne großes Gefälle begehen kann. Es gibt Levadas für jeden Geschmack: mit breiten Wegen, die von blühenden Büschen gesäumt werden, oder mit schmalen, Schwindel erregenden Pfaden, die Blicke in abgrundtiefe Schluchten zulassen.

Reparatur einer Levada

auch die Fischjungbrut, wird durch ihn regelrecht erstickt. Ursache für das Verschlammen der Gewässer ist die Bodenerosion, derentwegen man Anfang der 1980er Jahre den »Naturpark Madeira« geschaffen hat. Zwei Drittel der Insel wurden unter Schutz gestellt. Abholzung und nachfolgende Beweidung mit Schafen und Ziegen hatten der Vegetation in den Bergen Madeiras jahrhundertelang schwer geschadet. Auch die Aufforstung mit Eukalyptus, Kiefer und Akazie erwies sich als unzureichend. Nach wie vor wird die dünne Bodenkrume des Berglandes durch den Regen allmählich ins Meer gespült.

Auf großen Flächen fehlt die Vegetation, um den Regen aufzufangen und in den Boden zu leiten. Früher ging viel kostbares Regenwassers verloren, da es durch Bäche und Flüsse ins Meer abfloss, statt die Grundwasserreserven aufzufüllen. Seit Ende der 90er Jahre hat man dieses Problem durch den Bau von Wasserspeicherbecken weitgehend in den Griff bekommen. Nur der Lorbeerwald ist dazu fähig, Regenwasser in den Boden zu leiten und darüber hinaus sogar noch Wasser aus dem Wolkennebel herauszufiltern. So versucht man heute innerhalb des Naturparks nicht nur den noch vorhandenen Lorbeerwald umfassend zu schützen, sondern nach Möglichkeit den Bestand durch Aufforstung zu vergrößern. Dabei hilft die UNESCO, die 1999 den Lorbeerwald Madeiras zum Weltnaturerbe erklärte.

Bevölkerung

Etwa 370 Einwohner pro Quadratkilometer leben auf Madeira. An der Südküste, vor allem in der Umgebung von Funchal, ist kein Fleckchen Land unbebaut geblieben, weit verstreut liegen die Häuser der Bauern. Tatsächlich drängen sich etwa 90 % der Bevölkerung Madeiras auf dem schmalen Küstenstreifen entlang der Südküste zusammen. Doch in 500 bis 600 m Höhe endet die Bebauung, denn bis hierhin reichen meist die Wolken, und im Nebel mag niemand wohnen. Dünner besiedelt ist der Norden. Hier fehlt der Platz für die Landwirtschaft, vielfach fällt die Küste steil zum Meer hin ab. Fast unbesiedelt ist das gebirgige Inselinnere.

Zu- und Abwanderung

Die portugiesischen Entdecker teilten Anfang des 15. Jhs. die bis dahin unbewohnte Insel unter sich auf. Man holte Sklaven aus Nordafrika und von den Kanarischen Inseln und warb Arbeiter aus Portugal an, um die Ländereien zu bearbeiten. Bald jedoch setzte sich ein neues System der Bewirtschaftung durch, die *Colonia:* Der Großgrundbesitzer hielt sich nur einen Teil des Jahres auf seinen Ländereien auf. Diese zerstückelte er in kleine Parzellen, die oft nicht mehr als $^1/_3$ Hektar groß waren. Für die Bearbeitung warb man Pächter an, die so genannten *Colonos.* Immer mehr Menschen, vor allem aus Nordportugal, wo es viele Landlose gab, fanden so den Weg nach Madeira. Die Colonos mussten die Hälfte ihres Ernteertrags an den

Gern getragen: die typische Wollmütze

Grundbesitzer abliefern, der ein leichtes Leben in der Stadt führen konnte, während die Pächter sich mehr schlecht als recht durchschlugen.

Erst seit der Nelkenrevolution von 1974 gehört dieses Pachtsystem der Vergangenheit an. Mit Hilfe günstiger staatlicher Kredite konnten viele Colonos den von ihnen bewirtschafteten Grund erwerben. Aber auch jetzt noch verfügen viele Ackerbauern über nicht mehr als $^1/_3$ oder gar $^1/_{10}$ Hektar Land. Die meisten sind inzwischen dazu übergegangen, die kaum noch lohnende Landwirtschaft nur als Nebenerwerb zu betreiben.

Die heutige Bevölkerung Madeiras setzt sich vorwiegend aus Portugiesen zusammen. Von den Sklaven kehrten viele nach ihrer Freilassung in die Heimat zurück. Große Bedeutung für die wirtschaftliche Entwicklung Madeiras hatten ausländische Minderheiten. Um das Jahr 1500 herum ließen sich zahlreiche Zuckerhändler in Funchal nieder (der berühmteste war Christoph Kolumbus, der sich Jahre vor seinen Entdeckungsfahrten für einige Zeit als Zuckerhändler auf Madeira aufhielt). Sie kamen aus den italienischen Stadtstaaten und aus Flandern, das damals enge Beziehungen zu Portugal unterhielt. Später waren es dann Engländer, die aufgrund ihres Engagements im Weinbau großen Einfluss auf die Entwicklung der Insel ausübten. Die Krise im Weinbau Ende des 19. Jhs. zwang viele Engländer, Madeira den Rücken zu kehren, doch noch heute leben hier zahlreiche britische Familien.

Schon in der Anfangszeit der Besiedelung war Madeira oft Durchgangsstation auf dem Weg nach Brasilien. Als im 19. Jh. der Weinbau große Einbußen erlitt, standen viele Menschen vor dem Ruin. Der Auswandererstrom verstärkte sich dramatisch und hielt bis in die 70er Jahre des 20. Jhs. fast unvermindert an. Heute kehren immer mehr Auswanderer in ihre Heimat zurück. Bauland wird bereits knapp, die Regierung erwägt eine Beschränkung des Zuzugs.

Sprache

Das auf Madeira gesprochene Portugiesisch enthält, bedingt durch die engen Kontakte zu Brasilien, viele südamerikanische Elemente, Heimkehrer aus Venezuela brachten einen spanischen Akzent mit. Für den ausländischen Besucher scheint die jahrhundertelange britische Dominanz bis heute gegenwärtig, denn vielfach wird er auf Englisch angesprochen. Jüngere Inselbewohner bemühen sich verstärkt um Deutschkenntnisse, die im Tourismusbereich gefragt sind.

Religion

Die Bevölkerung Madeiras ist fast ausschließlich römisch-katholisch. Bei der Landbevölkerung hat die Religion noch einen hohen Stellenwert, in größeren Gemeinden und vor allem in Funchal sieht man jedoch bei Gottesdiensten und Prozessionen vorwiegend ältere Frauen. Familienfeste, wie

Heirat, Taufe oder Kommunion, werden aber überall nach wie vor aufwändig in kirchlichem Rahmen gefeiert.

Bildung

Schulpflicht besteht für alle Kinder bis zum 14. Lebensjahr, doch sieht die Praxis so aus, dass Kinder aus ärmeren Bevölkerungsschichten häufig nicht regelmäßig zum Unterricht kommen. Auf der anderen Seite erwerben viele Kinder aus der Mittelschicht die Hochschulreife und drängen, da es in Portugal keine geregelte Berufsausbildung gibt, an die Universitäten in Funchal oder auf dem Festland. Auf Madeira herrscht heute praktisch Vollbeschäftigung, die Arbeitslosenquote ist mit gut 2 % extrem niedrig. So kann jeder Schulabgänger damit rechnen, einen Job zu bekommen.

Brauchtum

Recht oft sieht man auf Madeira in den kühleren Regionen die handgestrickte Wollmütze *(barrete de lã)* mit Bommel und Ohrenklappen, vor allem bei Männern. Die früher üblichen braunen und beigefarbenen Töne (s. Abb. S. 18) werden allmählich durch bunte Farben abgelöst. Teil der traditionellen Kleidung waren auch die halbhohen Lederstiefel, die noch gelegentlich bei der Landarbeit getragen werden. Ansonsten sind die Trachten aus dem täglichen Leben verschwunden. Man sieht sie aber noch bei den Blumenverkäuferinnen in Funchal: die bunten Wollröcke mit den weißen Blusen und das über die Schulter geworfene rote Tuch sowie die lustige kleine Kappe mit dem Zipfel. Und die Korbschlitten-

Die Piraten von 1566

Ein historisches Ereignis wird wohl für immer im Bewusstsein der Madeirenser verankert bleiben: Der Überfall französischer Korsaren, die zwei Wochen lang in Funchal plünderten, brandschatzten und mordeten und mit Beute von unwiederbringlichem Wert fast ungehindert davonfuhren.

Fast unbemerkt landete der Abenteurer Montluc am 3. Oktober 1566 an einem Strand im Westen von Funchal und nahm die Stadt fast widerstandslos ein. An die 250 Bewohner hatten sich in die Festung São Lourenço zurückgezogen, wo es zwar viele Kanonen gab, aber weder Kugeln noch Pulver. So nahmen die Piraten die Festung im Sturm und töteten alle, die sich darin befanden. Dann machten sie sich über die Kirchen und Paläste her, ließen alles mitgehen, was nicht niet- und nagelfest war, und verübten, wenn man den Geschichtsschreibern glauben darf, unzählige Grausamkeiten. Wie durch ein Wunder blieb der Kirchenschatz der Kathedrale verschont (heute im Museu de Arte Sacra), denn man hatte ihn in weiser Voraussicht neben dem wenige Tage zuvor im Altarraum beigesetzten Schatzmeister der Kirche deponiert.

In Folge dieses 15 Tage währenden Albtraums errichtete man rund um Funchal Festungen. Zusätzlich zog man eine Stadtmauer, die erst im 19. Jh., als die Piratengefahr endgültig gebannt war, geschleift werden konnte.

fahrer in Monte sind wie ehedem gekleidet: weiße Hosen und Hemden, dazu ein kreisrunder Strohhut.

Auch die zahlreichen Folkloregruppen, die es auf Madeira gibt, pflegen die Trachten. Sie treten bei Volksfesten auf, und anlässlich größerer Feierlichkeiten wie Weihnachten oder Ostern kann man die Tänze und Lieder auch in den Straßen von Funchal erleben. Professionelle Gruppen zeigen in Hotels und Restaurants eine erstaunlich unverfälschte Folklore. Einige Tänze gehen auf Maurensklaven zurück, andere kamen mit den nordportugiesischen Einwanderern auf die Insel. Viele Lieder sang man früher, um sich die harte Arbeit auf dem Feld oder beim Pressen der Weintrauben zu erleichtern. Und mit etwas Fantasie kann man die Arbeitsabläufe noch in den Tänzen erkennen. Andere Gesänge begleiteten Pilger bei Wallfahrten oder während der oft ausgiebig gefeierten Kirchenfeste.

Jedes Dorf auf Madeira hat seinen Ortsheiligen, meist sind es sogar zwei oder drei, zu deren Ehren in den Sommermonaten Feste stattfinden. Schon Wochen vor dem großen Ereignis werden die Straßen mit bunten Girlanden geschmückt. Die Nacht von Samstag auf Sonntag wird dann mit Musik und Gesang durchgefeiert. Man isst *espetada,* den traditionellen Fleischspieß, und trinkt dazu den lokalen Wein mit dem leichten Brombeergeschmack. Wie gewandelt ist die Stimmung am Sonntagmorgen, wenn alle Dorfbewohner in schwarzer Festtagskleidung erscheinen und den Pfarrer und die Dorfhonoratioren mit der Statue des Heiligen bei der Prozession begleiten. Das religiöse Ereignis ist bald vorüber, der Rest des Tages gehört der Familie.

Steckbrief

Lage: 17 ° westlicher Länge, 33 ° nördlicher Breite
Größe: Madeira: 741 km²; Porto Santo: 45 km²; Desertas: 1,4 km²
Höchste Erhebungen: Madeira: Pico Ruivo (1862 m), Porto Santo: Pico do Facho (517 m)
Bevölkerung: Madeira: 280 000 Einw.; Porto Santo: 5000 Einw. Auf einem Quadratkilometer leben rund 370 Menschen.
Hauptorte: Funchal: 125 000 Einwohner; Porto Santo: 2500 Einwohner
Sprache: Portugiesisch
Konfession: Römisch-katholisch (99,5%)
Verwaltung: Autonome Region innerhalb Portugals (seit 1976)

Wirtschaft

Bananenplantagen

Bananen sind die tragende Säule der Inselwirtschaft. Das Klima im Norden ist für die empfindliche Bananenstaude zu rau, daher dehnen sich die Pflanzungen entlang der Südküste aus. Die Bewässerungskanäle, die Levadas, dienen der Versorgung der Bananenfelder. Bis zu 1000 Liter werden benötigt, um 1 kg Früchte zu produzieren. Deshalb ist der Bananenanbau auf Madeira in Misskredit geraten und wäre wohl wegen der hohen Kosten (viel Handarbeit ist notwendig) auch kaum zu retten gewesen, hätte nicht die portugiesische Regierung Importbananen mit hohen Zöllen belegt.

Nach der Öffnung der europäischen Binnengrenzen droht der Madeira-Banane heute das Aus. Billigere Import-

Bananen: wichtiges Agrarprodukt

ware macht ihr auf dem portugiesischen Markt immer mehr Konkurrenz. So ist die Anbaufläche seit Anfang der 1990er Jahre stark geschrumpft; verbliebene Flächen sollen nach dem Willen der Regierung mit neuen, ertragreicheren Sorten bepflanzt werden.

Weinbau

Jahrhundertelang war der Weinbau nahezu der einzige Wirtschaftszweig auf der Insel gewesen. Wo es Klima und Boden zuließen, wurden Weinstöcke gepflanzt, die Bauern waren völlig vom Ertrag der Reben abhängig. Im 19. Jh. wurden nacheinander erst der Mehltau (1852) und dann die Reblaus (1872) aus Amerika eingeschleppt, die schwere Schäden in Madeiras Weinbergen anrichteten. Man importierte daraufhin die reblausresistente amerikanische Weinrebe in der Hoffnung, sie könnte die europäischen Sorten ersetzen. Der daraus gewonnene Wein besitzt jedoch einen scharfen Beigeschmack und ist bei Kennern verpönt. Erst in jüngerer Zeit bemüht man sich wieder um Qualität, um dem Portwein

Weinkenner unter sich

und dem Sherry ernsthaft Konkurrenz machen zu können. Aus der noch weit verbreiteten Amerikanerrebe wird ein süffiger Rotwein mit leichtem Obstgeschmack gewonnen, der in Kneipen vom Fass erhältlich ist und gern von den Einheimischen getrunken wird.

Zuckerrohranbau und Fischindustrie

Fieberhaft war man nach der Weinkrise im 19. Jahrhundert bemüht, neue exportfähige Anbauprodukte zu finden. Man besann sich zunächst wieder auf das Zuckerrohr, das der Insel im 15. Jh. schon einmal zu Reichtum verholfen hatte. Überall auf Madeira entstanden kleine Fabriken, die das süße Rohr gleich nach der Ernte (der Zuckergehalt schwindet sonst rasch) zu Zucker oder aber zu *aguardente de cana,* einem kräftigen Zuckerrohrschnaps, verarbeiteten. Doch die Produktion war zu kostspielig, das Klima für das tropenverwöhnte Zuckerrohr eigentlich zu kühl und zu trocken. So wurde nur der portugiesische Markt beliefert, den hohe Schutzzölle gegenüber Importen aus anderen Ländern abschirmten.

Langsam aber stetig ging der Zuckerrohranbau im 20. Jh. zurück, es blieben nur noch einige wenige kleine Felder bestehen. Drei kleine Fabriken

Feine Stickereien

Echte Handarbeit

Im Stickereihandwerk sind rund 15 000 Arbeitskräfte beschäftigt, fast ausschließlich Frauen, die auf diese Weise einen Teil des Familieneinkommens verdienen. Die Tochter eines englischen Weinhändlers, Elizabeth Phelps, war Mitte des 19. Jhs. die erste Arbeitgeberin in dieser Branche. Sie ließ auf Madeira Blusen und Kleider, Tischdecken und Servietten fertigen und verkaufte die bestickten Waren in London. Um 1900 ließen sich deutsche Kaufleute auf Madeira nieder und bauten die Stickerei zu einem regelrechten Industriezweig aus. In den Fabriken werden die Stoffe mittels Schablonen an den Stellen, die bestickt werden sollen, blau eingefärbt. Das Sticken erfolgt in Heimarbeit. Wiederum in der Fabrik wird die Farbe ausgewaschen, der Stoff gebügelt, vernäht, versäubert und verpackt. Ein Siegel bürgt für echte Handarbeit, Maschineneinsatz ist streng verboten.

in Funchal, Porto da Cruz und Calheta produzieren heute Zuckersirup *(mel)*, Zuckerrohrschnaps und hochwertigen Rum.

Eine Fabrik stellt Tunfischdosen für den Export her. Da die Fangmengen nicht ausreichen, wird außerhalb der Saison importierter Fisch verarbeitet.

Kunsthandwerk

Auch kunsthandwerkliche Podukte zählen die Madeirenser zum Industriesektor. Ganz ähnlich wie die Stickerei (s. links) ist die in einer tiefen Krise befindliche Korbflechterei organisiert. Noch leben manche Bauern davon, Weidenbüsche anzupflanzen und die Ruten an die Handwerker zu verkaufen. Doch meist wird heute aus Kostengründen importierte Weide verwendet. Camacha ist das Zentrum der Korbwarenherstellung (s. S. 66 f.). So genannte Fabriken vergeben Aufträge an die Korbflechter, die meist in Familienbetrieben arbeiten. In der Fabrik werden die Korbwaren lediglich noch lackiert. Etwa die Hälfte der Produktion geht in den Export, vorwiegend nach Großbritannien.

Tourismus

Auf ihm ruhen die größten Hoffnungen der Madeirenser. Seine Wurzeln reichen zumindest ins 19. Jh. zurück, als die Reichen Europas auf der Suche nach Heilung von allerlei Krankheiten die Winter auf Madeira verbrachten. Lange Zeit blieb die Insel ein exklusives Reiseziel mit wenigen Luxushotels.

Erst in den 1980er Jahren erfolgte die Entwicklung hin zum Massentourismus, der sich angesichts von 30 000 Gästebetten immer noch in Grenzen hält. Mit finanziellen Mitteln der EU wurden seit den 90er Jahren neue Hotels und Ferienanlagen errichtet, aber auch alte Herrenhäuser und

In Camacha gehört Korbflechten noch heute zum Alltag

ehrwürdige Hotels sorgfältig restauriert. Konzentrierte sich der Tourismus ursprünglich beinahe ausschließlich auf Funchal, so bekommen jetzt sogar die kleineren Inselorte etwas vom Kuchen ab. Caniço wird zum zweiten Ferienzentrum der Insel ausgebaut, viele weitere Gemeinden profitieren vom touristischen Aufschwung. Mehr als 5000 Arbeitsplätze hängen direkt vom Fremdenverkehr ab.

Politik und Verwaltung

In Portugal wurde 1974 mit der »Nelkenrevolution« der Übergang von der Diktatur zur Demokratie vollzogen. Für Madeira hatte dies weit reichende Folgen. War die Insel unter der Diktatur eng in den Zentralstaat eingebunden und in allen Fragen von Entscheidungen aus Lissabon abhängig, so hoffte man jetzt auf eine gewisse Selbstverwaltung. Die Unabhängigkeitsbewegung FLAMA, die für eine vollständige Loslösung von Portugal plädierte, konnte sich jedoch nicht durchsetzen. Statt dessen siegten bei den ersten Wahlen 1975 auf Madeira ebenso wie auf dem portugiesischen Festland die gemäßigten Kräfte, und der Archipel erhielt ein Jahr später einen Autonomiestatus.

Wichtige Entscheidungen werden nach wie vor in Lissabon getroffen, ein so genannter Minister der Republik kontrolliert Inselregierung und -parlament, um eine enge Bindung an das Mutterland zu gewährleisten. Bei inneren Angelegenheiten hat man mittlerweile eine gewisse Selbstständigkeit errungen.

Äußeres Zeichen der Autonomie ist die eigene Flagge, die bei jeder sich bietenden offiziellen Gelegenheit gehisst wird. Der gelbe Streifen in der Mitte symbolisiert die Insel, die beiden blauen Streifen am Rande das Meer. Im Zentrum der Flagge prangt das rote Kreuz des Christusordens, dessen Ritter bei den portugiesischen Entdeckungsfahrten eine große Rolle spielten. Während der ersten Jahrzehnte nach der Inbesitznahme verwaltete der Orden im Auftrag des Königs die Insel Madeira. Heute ist das Kreuz offizielles Symbol der Autonomen Region Madeira und wird oft und gern gezeigt.

Geschichte im Überblick

1351 Erscheinungsdatum einer Florentiner Seekarte, auf der Madeira fast genau an der richtigen Stelle als Isola di Legname (»Holzinsel«) eingezeichnet ist.

1418–1419 João Gonçalves Zarco und Tristão Vaz Teixeira errichten auf Porto Santo und Madeira erste portugiesische Stützpunkte.

1440–1450 Zarco und Vaz Teixeira, denen Madeira jeweils zur Hälfte als Lehen zugefallen ist, verteilen das Land an Freunde und Verwandte, die mit Hilfe afrikanischer Sklaven mit dem Zuckerrohranbau beginnen.

1530 Der Zuckerrohranbau wird wegen der starken Konkurrenz aus Brasilien und Mittelamerika weitgehend aufgegeben, man beginnt mit dem Weinbau.

1580–1640 Als die Dynastie Aviz ausstirbt, kommt Portugal zu Spanien und wird in den spanisch-englischen Konflikt hineingezogen. Die Küsten Madeiras sind den Überfällen englischer Korsaren weitgehend ungeschützt preisgegeben. Immer wieder kommt es zu Plünderungen und Brandschatzungen.

1703 Im Methuen-Vertrag werden die portugiesisch-englischen Handelsbeziehungen geregelt. England, das den Unabhängigkeitskrieg Portugals gegen Spanien unterstützt hatte, lässt sich zahlreiche Zugeständnisse machen. So gerät der Weinhandel auf Madeira völlig unter englische Kontrolle.

1807–1814 Im Verlauf der Napoleonischen Kriege stationieren die Briten 2000 Soldaten auf Madeira. Viele von ihnen bleiben nach Kriegsende auf der Insel.

1872 Die aus Amerika eingeschleppte Reblaus vernichtet auf Madeira einen Großteil der Weinstöcke; viele Inselbewohner wandern deswegen aus.

1910 Ende der Monarchie in Portugal.

1916 Portugal beschlagnahmt auf Veranlassung Englands alle deutschen Besitztümer im Land. Ein deutsches U-Boot taucht daraufhin vor Madeira auf und versenkt im Hafen von Funchal ein französisches Kriegsschiff.

1931 Auf Madeira kommt es zur so genannten Hungerrevolte, nachdem die Großgrundbesitzer das Monopol auf Mehlimporte erhalten haben. Der Aufstand wird vom Militär niedergeschlagen.

1947 Erste Linienflüge mit Wasserflugzeugen zwischen England, Portugal und Madeira.

1960 Auf Porto Santo wird der Flughafen eröffnet, vier Jahre später auch auf Madeira.

1974–1975 Die »Nelkenrevolution« in Portugal macht der Diktatur ein Ende, die Unabhängigkeitsbewegung FLAMA auf Madeira kann sich nicht durchsetzen.

1976 Madeira erhält als Autonome Region einen Sonderstatus innerhalb Portugals. Die Entwicklung zum Massentourismusziel beginnt.

1986 Portugal tritt der EG bei.

2000 Einweihung der neuen, vergrößerten Landebahn. Zwei neue Tunnels ermöglichen eine schnellere Durchquerung der Insel.

2002 Verlängerung der Schnellstraße von Porto da Cruz nach Santana; ein Tunnel nach Curral das Freiras ist im Bau.

Kultur gestern und heute

Architektur

Gegensätze zwischen Arm und Reich prägten bis in die jüngste Vergangenheit die Architektur Madeiras.

Landhütten und Stadtpaläste

Auf dem Land lebten die Menschen in winzigen, strohgedeckten Häusern *(Casas de Colmo)*, die aus kaum mehr als einem Raum bestanden. Viele wurden inzwischen abgerissen, doch in abgelegenen Teilen der Insel, vor allem im Norden und Südwesten, sind einige Casas de Colmo noch bewohnt.

Feudale ländliche Herrensitze standen einst inmitten der Zuckerrohrplantagen und Weinberge. Doch nur wenige haben die Zeiten überdauert, da das Interesse ihrer Besitzer am Landleben nicht allzu groß war. Spätestens seit der Krise im Zuckergeschäft Mitte 16. Jh., ging man dazu über, den Landbesitz auf zahlreiche Kleinpächter aufzuteilen und in der Metropole Funchal zu residieren. Dort zeugen noch heute die alten Stadtpaläste vom früheren Reichtum des Adels. Nach außen wirken sie häufig schmucklos und abweisend, innen hingegen offenbaren sich lauschige Patios, von eleganten Galerien umgeben, die zu den prunkvoll ausgestatteten Räumlichkeiten führen.

Manuelinik und Barock

Ab 1495, dem Jahr der Thronbesteigung König Manuels I., kam in Portugal eine neue Stilrichtung der Gotik auf. Fantasievolle bis verspielte Dekorationen in Stein zeichnen den manuelinischen Stil aus. Die meisten Kirchen Madeiras entstanden in dieser Zeit, schlichter gehalten zwar, als es damals auf dem Festland üblich war, doch immer mit Steinmetzarbeiten versehen, in denen die Künstler Fabelwesen aus fernen Ländern und Motive aus der Seefahrt nachbildeten. Sehr beliebt für die Ausstattung der Gotteshäuser waren ferner im Mudéjarstil geschnitzte Holzdecken, in denen der Einfluss maurischer Künstler zum Ausdruck kommt.

Azulejos – traditionelle Fliesenkunst

Unter spanischer Herrschaft wurde wenig gebaut. Doch anschließend, im 18. Jh., kam die Architektur auf Madeira ein weiteres Mal zu voller Blüte. Der Barockstil war in Europa in Mode, und in Portugal konnte man ihm dank des reichlich in der Kolonie Brasilien geschürften Goldes recht üppig frönen. Dies kam vorwiegend den Kirchen zugute, die prachtvoll mit wandfüllenden Altären, aus Holz geschnitzt und mit Blattgold belegt *(Talha dourada)*, ausstaffiert wurden.

Azulejos

Die für Portugal typische Fliesenkunst erreichte im 18. Jh. ihren Höhepunkt. Fliesenbilder, meist in Blau und Weiß, bedeckten damals die Kirchenwände. Zu Anfang des 20. Jhs. lebte die Fliesenkunst noch einmal auf: Man verzierte Hauswände und -eingänge mit Azulejos, die Szenen aus dem täglichen Leben zeigten, oder nahm Elemente aktueller Stilrichtungen (Jugendstil, Art déco) auf.

Die Fassaden von Banken, Hotels und öffentlichen Gebäuden werden heute wieder gerne mit postmodernen Fliesen versehen. Ungebrochen blieb die Tradition, Heiligenbilder aus Fliesen über den Türen von Privathäusern anzubringen.

Tipp Überall auf Madeira sieht man Tonfiguren an den Kanten der Ziegeldächer älterer Häuser (z. B. Tauben oder Hundeköpfe). Wer ein solches Fruchtbarkeitssymbol als Souvenir mit nach Hause nehmen möchte, wird bei **Manuel Rodrigues Pimenta** fündig (Rua Dr. Fernão Ornelas, Funchal).

In Santana sind die inseltypischen strohgedeckten Holzhäuser vielfach noch bewohnt

Möbel aus Zuckerkisten

Fünf Zuckerhüte, zu einem Kreuz angeordnet, verlieh König Manuel I. 1508 der Stadt Funchal als Wappen. Madeira war durch Zuckerexport reich geworden, und wie es damals üblich war, ließ man den Zucker in kegelförmigen Tongefäßen auskristallisieren, wobei die Zuckerhüte entstanden. Ein so wertvolles Gut wie der Zucker – im Mittelalter hatte man ausschließlich mit Honig gesüßt – erforderte auch eine besondere Behandlung beim Transport. Dafür fertigte man spezielle Kisten aus einheimischen Hölzern an, wie dem Stinklorbeer, der frisch geschlagen einen unangenehmen Geruch verbreitete, oder dem so genannten Madeira-Mahagoni. In der zweiten Hälfte des 16. Jhs. begann die Konkurrenz aus Brasilien den madeirensischen Zuckerproduzenten das Leben schwer zu machen. So sah man sich letztendlich auf Madeira genötigt, selbst Zucker aus Brasilien einzuführen und ihn, als Madeira-Zucker deklariert, weiter zu exportieren. Auch aus Brasilien kam der Zucker in Holzkisten, diesmal aus echtem Mahagoni. Das bis dahin unbekannte helle, sehr widerstandsfähige Holz gefiel den Madeirensern, und so begannen die Tischler schon bald, aus den Zuckerkisten Möbel zu fertigen. Im gesamten 17. Jh. entstanden Schränke und Truhen mit dem seltsamen Namen »Zuckerkistenmöbel«. Sie waren nüchtern, ja streng gehalten, wie es zu dieser Zeit typisch für das bäuerliche Mobiliar in Portugal war. Oft wurden die Türen im Kassettenstil verziert und mit schweren, Kreuzen oder Blüten nachgeformten Eisenbeschlägen versehen. Bald verselbstständigte sich der Stil, und man fertigte Zuckerkistenmöbel auch aus heimischen Hölzern. Mit den englischen Kaufleuten hielt um 1700 ein neuer Wohnstil auf Madeira Einzug und brachte damit das Aus für die rustikalen Möbel. Heute sind sie wertvolle Sammlerstücke, die man noch erstaunlich häufig in den Museen und Privathäusern Madeiras findet, so zum Beispiel auch in der Quinta das Cruzes (s. S. 49).

Malerei

Madeira besitzt eine der vollständigsten Sammlungen flämischer Malerei des 15. und 16. Jhs. Adlige und wohlhabende Händler ließen die Gemälde in Flandern anfertigen und bezahlten sie mit Zucker. Zu besichtigen sind die Bilder im Museu de Arte Sacra in Funchal (s. S. 48).

Um die moderne Malerei bemüht sich ein Kulturverein *(Cine Forum de Funchal)* mit Ausstellungen im Forum des Theaters. Auch im Fremdenverkehrsamt von Funchal und in den Casas de Cultura von Calheta und Santa Cruz sind hin und wieder Werke zeitgenössischer Künstler zu sehen. Die jungen Madeirenser Maria da Paz

Karneval – verrückt und ausgelassen

Feste & Veranstaltungen

Da verschiedene Feste variable Daten haben, ist es ratsam, sich in den Fremdenverkehrsbüros nach dem exakten Termin zu erkundigen.

Februar: **Festa dos Compadres** (Gevattern-Fest), eine Woche vor Karneval in Santana; Puppenspiel mit ironischen Anspielungen auf die Lokalpolitik. Höhepunkte des **Karnevals** sind der farbenprächtige Umzug à la Rio am Samstag und der Volksumzug am Dienstag in Funchal.

April: **Blumenfest** Ende April in Funchal; Umzug mit Parade der Blumenwagen, abendliche Spektakel, Ausstellungen, Feuerwerk.

Juni: **Fest der Schafschur** auf Paúl da Serra. Bach-Festival in Funchal: klassische Musik im Theater und in Kirchen. **Fest zu Ehren des hl. Petrus,** am 29.Juni in Ribeira Brava mit Bootsprozession.

August: **Mariä Himmelfahrt,** 15. August in Monte; große Wallfahrt und wichtigstes Volksfest Madeiras.

September: **Festa do Senhor Bom Jesus,** erster Sonntag in Ponta Delgada. **Weinfest,** Mitte September; in Funchal und Estreito de Câmara de Lobos. **Festa Nossa Senhora da Piedade,** drittes Wochenende im September in Caniçal; Bootsprozession.

Oktober: **Festa do Senhor dos Milagres,** 8./9.Oktober in Machico; nächtliche Prozession zu Ehren des Wundertätigen Christus.

November: **Kastanienfest,** 1. November in Curral das Freiras.

Dezember/Januar: **Weihnachten,** vom 8. Dezember bis 6. Januar überall farbenprächtige Beleuchtung. **Silvester,** eines der größten Feste der Insel; berühmtes Feuerwerk in Funchal.

Nóbrega und Carlos Luz gehören zu den wenigen zeitgenössischen Malern, die Ansichten der Insel festhalten.

Tipp Interessenten sollten in Funchal die Galerie **Porta 33,** Rua do Quebra Costas 33, besuchen. Kunstgalerie und Restaurant zugleich ist das **Inn & Art** in Caniço de Baixo, Casa R 61/62.

Musik

Hin und wieder werden im Theater von Funchal klassische Konzerte gegeben, vor allem während des Bach-Festivals im Juni. Der berühmte Fado stammt zwar vom portugiesischen Festland, wird aber auch auf Madeira dargeboten. Der »portugiesische Blues« drückt Trauer und Schmerz der portugiesischen Seele, die *Saudade,* aus. Neben den Fado-Kneipen veranstalten auch die Nachtklubs der Hotels Fado-Abende.

Folklore kann man bei Volksfesten wie auch bei organisierten Vorstellungen erleben (s. S. 20). Zur musikalischen Begleitung dienen Saiteninstrumente, wie beispielsweise die mit der Gitarre verwandte Braguinha. Eine Besonderheit ist der auch als Mitbringsel beliebte Brinqinho. Die Töne dieses mit einem Schellenbaum vergleichbaren Instruments erzeugen Kastagnetten und kleine Glöckchen, die auf den in Tracht gekleideten Puppen angebracht sind.

Tipp Junge Musiker greifen Themen und Klänge der madeirensischen Folklore im *folk pop* auf. Die bekanntesten Vertreter dieser Musikrichtung sind Allma, Encontros da Eira und Vítor Sardinha. Es lohnt sich, nach ihren CDs Ausschau zu halten.

Degenfisch und edler Madeira

Das typische Menü in Restaurants mittlerer Preisklasse fängt mit einer durchaus sättigenden Gemüse- oder Fischsuppe an. Als Hauptgang gibt es Fisch oder Fleisch mit Beilagen. Salat muss man meist extra bestellen, er gilt als Vorspeise. Die Desserts fallen, wie allgemein in Portugal üblich, recht üppig aus. Es gibt die verschiedensten Torten und Puddings (oft sehr süß), aber auch Früchte, Obstsalat und Eis. In einfachen Lokalen kommen schmackhafte Eintöpfe auf den Tisch, z.B. *cozido* (mit verschiedenen Fleisch- und Gemüsesorten) oder *feijoada* (mit Bohnen, Wurst und Speck).

Beim Bezahlen ist zu beachten, dass, egal wie viele Leute am Tisch sitzen, der Kellner unweigerlich eine Gesamtrechnung für alle bringt. Möchte man getrennt bezahlen, so sollte man dies schon bei der Bestellung sagen. Das Bedienungsgeld ist in der Rechnung enthalten. Dennoch ist es gang und gäbe, freundlichen Service mit einem zusätzlichen Trinkgeld zu honorieren.

Spezialitäten

Bekannt ist Madeira für seine *espetada,* einen gigantischen Rindfleischspieß, der auf Volksfesten und auch sonst bei jeder erdenklichen Gelegenheit gegessen wird. In den Ausflugslokalen auf dem Land werden die Spieße vor den Augen der Gäste im offenen Feuer gebraten und dann an der Decke über dem Tisch aufgehängt. Jeder streift so viel Fleisch ab, wie er mag, gegessen wird so lange, bis alle mehr als satt sind. Möchte man ein typisch einheimisches Gericht probieren, so sollte man nach *cabra* (Zicklein) suchen, das vor allem um die Osterzeit angeboten wird. Stundenlang mit allerlei Gewürzen im Ofen geschmort, ist es eine delikate Sache.

Fisch sollte man in den Küstenorten probieren, wo er fangfrisch angeboten wird. Unweigerlich wird man auf der Speisekarte den *espada* (Degenfisch) finden, der als Filet im Teigmantel mit Banane als Spezialität gilt. Fast ebenso unvermeidlich ist der *atum* (Tunfisch), andere, seltenere Fischarten kommen je nach Saison hinzu. Man wählt sie aus der Kühltheke oder vom Tablett, das der Kellner am Tisch herumzeigt. In einem guten Fischlokal sollte man einmal die *caldeirada de peixe,* den würzigen portugiesischen Fischeintopf mit Kartoffeln, Tomaten und Zwiebeln, probieren. Besonders zu empfehlen sind die traditionellen Gerichte *arroz de mariscos* (Reis mit Meeresfrüchten) und *espaguetes de mariscos* (Spagetti mit Meeresfrüchten). Die Auswahl an heimischen Meeresfrüchten beschränkt sich auf einige Meeresschneckenarten. Am häufigs-

Degenfisch aus der Tiefsee

Ein Hauch von Geheimnis umgibt den Schwarzen Degenfisch *(espada),* der außer um Madeira fast nirgendwo auf der Welt gefangen wird. Und hier ist er eine Spezialität der Fischer von Câmara de Lobos, die des Nachts mit ihren kleinen offenen Booten, den *Espadeiros,* ein paar Kilometer vor die Küste hinausfahren und dort an Bojen ihre schier endlosen Angelleinen versenken. Ein bis zwei Kilometer lang ist so eine Leine, und der untere Teil ist dicht mit kurzen Schnüren besetzt, an deren Enden sich die Haken befinden. Als Köder dienen Tintenfisch oder Makrele.

Man sagt dem Degenfisch nach, er lebe in 2000 m Wassertiefe. Doch kommt er nachts auf ca. 600 m hinauf, und am nächsten Morgen können die Fischer mit viel Glück über hundert dieser Tiere heraufholen – eine mühselige Sache, denn das Einholen der Angelleine wird oft noch von Hand verrichtet und kann mehrere Stunden dauern.

Mitte des 19. Jahrhunderts wurde der Fisch mit dem langen, schlanken Körper und den großen Kulleraugen eher zufällig entdeckt, als ein Fischer eine besonders lange Leine ausgeworfen hatte. Rasch entwickelte sich der Espada zum wichtigsten Speisefisch der Madeirenser. Auf den Tischen der Fischverkäufer präsentiert er sich glänzend schwarz. Man vermutet, dass die Haut des Degenfisches in der natürlichen Umgebung – ähnlich wie bei anderen Tiefseebewohnern – Leuchtmuster erzeugt, um Artgenossen zur Paarung anzulocken. Beim raschen Heraufziehen mit der Angel überleben die Fische den Druckunterschied nicht, und ihre Leuchtkraft geht verloren.

Der weltweiten Überfischung zum Trotz: Die Vorkommen des Schwarzen Degenfisches bei Madeira scheinen unerschöpflich. Jahr für Jahr ziehen die Fischer etwa 3000 Tonnen des begehrten Speisefisches aus dem Wasser.

Leckerer Fisch vom Grill

Süffiger Madeira für jeden Geschmack: von süß bis trocken

ten bekommt man *lapas* (Schüssel- oder Napfschnecken), meist als Vorspeise mit viel Knoblauch in einer eisernen Pfanne gegrillt. Sie werden möglichst heiß, mit etwas Zitrone beträufelt, aus der Schale gegessen. Dazu gehört ein kühler Weißwein.

Inseltypische Beilagen sind *batata doce* (Süßkartoffeln), in der Schale gekocht, oder *milho frito,* eine mit Kräutern gewürzte Polenta, in Würfel geschnitten und frittiert. Wenn Sie an einem Stand sehen, wie Frauen Brotfladen backen, sollten Sie zugreifen. Es handelt sich meist um *bolo de caco,* ein Brot, dessen Teig u. a. aus Süßkartoffeln besteht und das warm, mit Knoblauchbutter bestrichen, hervorragend schmeckt.

Getränke

Weine

Zum Essen trinkt man meist *vinho* (Wein) und *agua sem gas* (Mineralwasser) oder *agua com gas* (mit Kohlensäure). Den herben Landwein der Insel, der glasweise ausgeschenkt wird, gibt es nur in einfachen ländlichen Lokalen. Bessere Restaurants haben eine Weinkarte, auf der oft nur Weine vom portugiesischen Festland zu finden sind: Ein spritziger junger Wein mit niedrigem Alkoholgehalt ist der *vinho verde. Vinho branco* (Weißwein) und *vinho tinto* (Rotwein) sind meist trocken, und man kann bei der Auswahl nicht viel falsch machen. Wer liebliche Weine bevorzugt, sollte *rosado* (Rosé) wählen. Neuerdings wird versucht, auch auf Madeira Tischweine gehobener Qualität herzustellen.

Der eigentliche Madeira-Wein wird nicht zum Essen getrunken, sondern als Aperitif oder Dessertwein. Durch Zugabe von reinem Alkohol erreicht er einen Alkoholgehalt von 18 Vol.-%. Er ähnelt Sherry und Portwein (vgl. S. 6/7).

Bier, Schnaps und Kaffee

Cerveja (Bier) trinkt man immer öfter zum Essen, vor allem aber zwischendurch. Eine einheimische Spezialität ist der *aguardente de cana* (Zuckerrohrschnaps), der meist als *poncha* (gemixt mit frisch gepresstem Zitronensaft und Honig) angeboten wird.

Das Essen beschließen die Madeirenser mit einem Kaffee. Dieser ähnelt dem italienischen Espresso und wird *bica* genannt. Wer ihn nicht so stark möchte, wählt einen *chinesa* (Milchkaffee).

Urlaub aktiv

Wandern

Madeira ist die ideale Wanderinsel. Levada-Wege, nahezu ohne Gefälle entlang der Bewässerungsrinnen angelegt (s. S. 16), dazu die alten Verbindungswege von Ort zu Ort, die von der Bevölkerung noch vor einigen Jahren rege benutzt wurden, und nicht zuletzt die einsamen Bergpfade der Ziegenhirten erschließen nahezu jeden Winkel der Insel. Als Transportmittel dienen Linienbus, Mietwagen oder Taxi. Reisebüros vor Ort organisieren Bergtouren mit Führer (s. S. 8/9).

Baden

Madeiras Strände sind dunkel und kiesig. Im Sommer, wenn das Wasser ruhiger ist, findet man aber auch hier und da sandige Flecken. Ein künstlicher Sandstrand wurde bei Calheta geschaffen. Andernorts ermöglichen kleine Lagunen oder Felsbadeanlagen einen bequemen Einstieg in den Atlantik, und das Sonnenbaden wird durch betonierte Liegeflächen erleichtert. Eine besondere Attraktion sind Meerwasserpools, in die die Brandung hineinschwappt. Die schönste Anlage befindet sich in Porto Moniz.

Tipp Als Badeinsel präsentiert sich Porto Santo mit seinem 8 km langen goldgelben, noch fast unverbauten Sandstrand.

Tauchen

Madeira gilt als gutes Tauchrevier. Die Tauchbasen bieten Kurse an, verleihen Ausrüstung und führen Tauchfahrten durch.

Madeira bietet herrliche Tauchreviere

- Funchal: **Madeira Divepoint,** Hotel Carlton Madeira, Fax 291 76 3533, www.madeira-divepoint.de; **Tuberão Madeira Mergulho,** Pestana Atlantic Bay Hotel, Tel./Fax 291 79 4124
- Caniço de Baixo: **Atalaia,** Lido Rocamar, Tel. 291 93 4330, Fax 291 93 30 11; **Manta Diving Center,** Lido Galomar, Tel. 291 93 2648, Fax 291 93 5588, www.mantadiving.com
- Machico: **Baleia,** Hotel Dom Pedro Baia, Tel./Fax 291 96 6180

Hochseeangeln

wird in Funchal und Porto Santo angeboten. Tagestouren können in Reisebüros oder am Jachthafen von Funchal gebucht werden. Man fängt Schwertfisch, Tunfisch und diverse Haiarten.

Segeln und Bootstouren

Funchal und Porto Santo verfügen über geschützte Jachthäfen. Jollen vermietet im Sommer **Aquasports** im

Lido-Schwimmbad in Funchal. Mitsegelgelegenheiten bieten die Jachten »Gavião« (Tel. 291 24 1124) und »Turquesa« (Tel. 291 22 8638). Motorboote fahren zur Delfinbeobachtung aus (Tickets in der Marina von Funchal), die »Ardeola« setzt täglich zu den Desertas über (Tel. 291 21 0318).

Tipp Ein romantisches Erlebnis, z. B. zum Sonnenuntergang, ist die Ausfahrt auf der nachgebauten Columbus-Karavelle **Santa Maria** (Tel. 291 22 0327; Tickets am Schalter im Jachthafen von Funchal).

Golf

Auf der Insel gibt es zwei Golfplätze. Die Anlage **Palheiro Golf** (s. S. 75; Tel. 291 79 2116) verfügt über 18 Löcher. Der Golfplatz von **Santo da Serra** (s. S. 68; Tel. 291 55 2321) bietet 27 Löcher. Auf beiden Plätzen dürfen Gäste gegen Gebühr spielen und können eine Ausrüstung leihen.

Reiten

Bei der **Associação Hípica da Madeira** an der Straße von Camacha nach Terceiro da Luta (Schild »Hipismo«) kann man Reitstunden und Ausritte buchen (Tel. 291 79 2582). Auf Porto Santo kann man in der **Quinta dos Profetas** in Ponta Pferde für Ausritte mieten (Tel. 291 98 3165).

Gleitschirmfliegen

Die Paragliding-Basis **Aerogene** in Arco da Calheta bietet Tandemflüge, Schulung und Verleih (deutschspr.): Tel. 964 13 3907, Fax 291 82 7628, www.madeira.airbase.de.

Unterkunft

Generell gilt: Pauschalangebote sind meist die günstigere Urlaubsvariante. Bei eigener Anreise sollte man unbedingt rechtzeitig ein Quartier buchen. In Hochsaisonzeiten (Weihnachten, Ostern, August) ist manchmal auf der ganzen Insel kein Zimmer zu bekommen. Plant man eine Rundreise mit Aufenthalten in verschiedenen Orten, so sollte man keinesfalls auf gut Glück in die kleineren Inselorte fahren, denn dort sind die wenigen Zimmer schnell belegt. Package-Touren, wie sie von einigen Veranstaltern mit Übernachtungen in verschiedenen Inselorten und einem Mietwagen angeboten werden, können eine interessante Alternative sein.

Hotels

Die portugiesische **Hotelklassifizierung** reicht von einem bis fünf Sternen. Ein paar einfache Hotels mit einem oder zwei Sternen findet man in Funchal. Drei- und Viersternehotels sind Häuser der Mittelklasse. Deutsche Reiseveranstalter bieten in der Regel nur die komfortableren Häuser dieser Kategorien an. Fünfsternehotels orientieren sich an gehobenen Ansprüchen. Hier öffnet der livrierte Portier die Autotür, wird der Gast zum Sektempfang beim Hoteldirektor geladen. Häuser der Mittel- und Luxusklasse findet man hauptsächlich im Hotelviertel von Funchal und in Caniço, aber inzwischen auch in vielen anderen Orten.

Die **Preise** schwanken je nach Lage und Ausstattung der Zimmer auch innerhalb der Kategorien stark. Günstigstenfalls zahlt man für ein Doppelzimmer mit Bad und Frühstück im

Dreisternehotel ca. 40 € (◯), im Viersternehotel zwischen 60 und 120 € (◯◯). Für ein Doppelzimmer im Fünfsternehotel muss man mindestens 120 € auf den Tisch legen (◯◯◯). Einzelzimmer sind beschränkt verfügbar und relativ teuer.

Appartements

Einige Hotels haben ihre Zimmer als Studio eingerichtet (mit Kitchenette und Esstisch) und nennen sich oft Aparthotel. Sie bieten den üblichen Hotelservice und sind in Kategorien von einem bis vier Sternen eingeteilt. Regelrechte Appartementanlagen gibt es kaum. Auf die eigene Kochgelegenheit wird man auf Madeira weniger aus Gründen der Kostenersparnis Wert legen (die Restaurantpreise sind moderat) als vielmehr, um nicht auf die Hotel- oder Restaurantküche angewiesen zu sein. Das Lebensmittelangebot ist überall zufrieden stellend.

Luxuriöse Herrenhäuser

Das neue Zauberwort auf Madeira lautet »Turismo de Habitação« – Unterkunft in luxuriösen Privathäusern. Dabei handelt es sich um mit Hilfe der EU liebevoll restaurierte alte Herrenhäuser *(Quintas)*. Diese verfügen oft nur über wenige Zimmer, und die Besitzer kümmern sich persönlich um ihre Gäste. Es gibt solche Quintas sowohl in Funchal als auch in ländlichen Gebieten. Zu buchen in Deutschland z. B. über Susanne Ihden Reisen, Alte Dorfstraße 1 b, 21379 Rullstorf, Tel. (0 41 36) 91 08 18, Fax 91 08 19, www.ihden-reisen.de.

Pensionen und Privatzimmer

Die einfache **Pension** heißt in Portugal *Pensão*, die luxuriösere Variante *Residencial*. Je nach Ausstattung tragen sie einen Stern bis vier Sterne. Während diese Quartiere in Funchal auf einheimisches Publikum eingestellt sind, beherbergen moderne und komfortable Pensionen in kleineren Inselorten meist Individualreisende und Wanderer. Die Preise für Doppelzimmer mit Bad und Frühstück schwanken zwischen 25 und 40 €. Preisgünstige **Privatzimmer** sind auf Madeira und Porto Santo absolute Mangelware. Durch Mundpropaganda, über Taxifahrer oder beim Fremdenverkehrsamt kann man mit etwas Glück eine Adresse erhalten. Man zahlt ca. 20 € für das – allerdings recht einfache – Doppelzimmer.

Berghütten

Übernachtungsmöglichkeiten in den Bergen sind dünn gesät. Gut ausgestattete **Berghotels** gibt es am Pico do Arieiro, auf Paúl da Serra sowie an der Straße von der Serra de Agua zum Encumeada-Pass.

Die Regierung unterhält **Berghütten** in Queimadas, Ribeiro Frio, Rabaçal, an der Bica da Cana und am Pico Ruivo. Persönliche Buchung erforderlich: **Governo Regional,** Antiga Misericordia, Av. Arriaga, Funchal (Mo–Fr während der Dienststunden; Buchung leider nicht zu 100% verlässlich).

Camping

Madeira verfügt über einen Campingplatz in Porto Moniz, auf Porto Santo gibt es einen Platz direkt am Strand im gleichnamigen Hauptort.

Reisewege und Verkehrsmittel

Anreise

Mit der portugiesischen Fluggesellschaft TAP ist Madeira von Zürich und Genf im Direktflug, von Frankfurt/M., München, Hamburg, Berlin, Düsseldorf, Basel und Wien über Lissabon zu erreichen. Der Linienflug Frankfurt/M. – Funchal kostet hin und zurück ca. 650 € (Frühjahr 2002).

Die Ferienflieger der großen deutschen Charterfluggesellschaften (LTU, Condor, Hapag Lloyd, Air Berlin, Germania) sind preiswerter (ca. 400 €) und in den meisten Fällen auch bequemer, da von zahlreichen deutschen Flughäfen abgeflogen wird (Frankfurt/Main, München, Nürnberg, Stuttgart, Düsseldorf, Hannover, Hamburg, Berlin, Dresden, Leipzig). Die SATA fliegt von Wien, Innsbruck und Genf nach Funchal.

Pauschalangebote für einen zweiwöchigen Aufenthalt gibt es (DZ mit Frühstück) je nach Reiseveranstalter, Hotel und Saison für etwa 600 bis 2000 €.

Unterwegs auf Madeira

Verbindungen nach Porto Santo

Um Porto Santo kennen zu lernen, kann man bei einem der örtlichen Reiseveranstalter einen Tagesausflug buchen (Flug oder Schiffspassage und Bus- bzw. Taxirundfahrt auf Porto Santo). Flugverbindungen von Funchal nach Porto Santo bestehen mehrmals täglich mit Aerocondor. Die Kosten für Hin- und Rückflug (15 Min.) liegen bei ca. 85 €. Eine rechtzeitige Vorausbuchung ist zu empfehlen. Auskünfte erteilt die **TAP**, Avenida das Comunidades Madeirenses 8–10, Tel. 291 23 0151. Ein- bis zweimal täglich verkehrt (außer Di) eine Autofähre ab Funchal nach Porto Santo. Hin- und Rückfahrt kosten ca. 50 €. Die Überfahrt dauert 3 Stunden.

Öffentlicher Verkehr

Das **Linienbusnetz** rund um Funchal ist sehr dicht. Auch viele andere Orte auf Madeira sowie auf Porto Santo sind per Bus erreichbar. Fahrpläne wichtiger Linien hängen in den Touristen-Informationsbüros und in vielen Hotels aus. Auskünfte erhält man auch an den Fahrkartenschaltern der Busgesellschaften (s. S. 51).

Taxifahren ist auf Madeira relativ preiswert. Innerhalb des Stadtgebietes von Funchal wird per Taxameter abgerechnet. Bei Überlandtouren gelten Richtpreise, nach denen man sich zuvor an der Hotelrezeption oder im Touristen-Informationsbüro erkundigen sollte. Eine Inselrundfahrt auf Madeira kommt auf ca. 85–90 €, auf Porto Santo (3 Std.) auf rund 30 €. Die Fahrt vom Flughafen in die Hotelzone Funchals kostet etwa 25 €. **Mietwagen** gibt es ab ca. 30 € pro Tag. Ihr Zustand ist i. d. R. gut. Verlangt wird der nationale Führerschein, der Fahrer muss mindestens 21 Jahre alt sein. Der Abschluss einer Vollkaskoversicherung ist ratsam.

Das Autofahren auf Madeira erfordert wegen der vielen Kurven und Engstellen große Konzentration. Als Höchstgeschwindigkeit sind innerorts 40 km/h, auf Landstraßen 90 km/h, auf der Via Rápida 100 km/h erlaubt.

Superbenzin kostet 0,94 €, Diesel 0,63 €.

Organisierte Busausflüge

werden in großer Zahl von örtlichen Reisebüros angeboten.

Seite 40

**Funchal

Zwischen Nostalgie und Moderne

Funchal ist die Hauptstadt Madeiras und mit etwa 125 000 Einwohnern (einschließlich der Vororte) zugleich die mit Abstand größte Agglomeration der Insel. Neun von zehn Touristen, die Madeira besuchen, verbringen ihren Urlaub dort. Funchal weist nicht nur zahlreiche Sehenswürdigkeiten auf: ehrwürdige Paläste mit schattigen Innenhöfen, Herrenhäuser, umgeben von subtropischen Parks, Kirchen und Klöster, interessante Museen. Es ist auch und vor allem eine weitgehend ursprünglich gebliebene Stadt. Reges Treiben herrscht auf den Märkten und in den Einkaufsstraßen, emsige Betriebsamkeit rund um den Hafen. Tagsüber genießt man südländisches Flair in den kleinen Straßencafés und auf der Strandpromenade, abends trifft man sich in den urigen Kneipen der Altstadt.

Geschichte

Der Entdecker João Gonçalves Zarco ließ sich 1419 in der benachbarten Bucht von Câmara de Lobos nieder. Sechs Jahre später verlegte er seine Residenz nach Funchal, von wo aus er die ihm anvertraute Inselhälfte regierte. 1497 vereinte König Manuel I. die Lehensgebiete Funchal und Machico, alleinige Hauptstadt wurde Funchal.

Der Zuckerexport machte Funchal um 1500 zu einer blühenden Metropole, die Kaufleute aus allen europäischen Ländern anzog. Als sich ab Mitte des 16. Jhs. der Zuckerrohranbau wegen der übermächtigen brasilianischen Konkurrenz nicht mehr lohnte, ging man zum Weinbau über. Seit Ende des 17. Jhs. ließen sich zahlreiche englische Weinhändler in Funchal nieder und errichteten prachtvolle Herrenhäuser am Rande des alten Stadtkerns.

In der zweiten Hälfte des 19. Jhs. führten aus Amerika eingeschleppte Schädlinge zu einer Krise im Weinbau, und viele englische Weinhändler verließen die Insel. Dies war die Geburtsstunde des Tourismus. Während der Wintermonate vermietete man die leer stehenden Herrenhäuser an wohlhabende Ausländer, die im milden Klima Madeiras Krankheiten auskurieren wollten.

Auch im 20. Jh. blieb Funchal zunächst ein exklusives Urlaubsziel. Die touristische Entwicklung blieb während der Zeit der Salazar-Diktatur auf ein paar wenige Luxushotels in der Hauptstadt beschränkt. Erst seit den 1970er Jahren erfolgt eine – wenn auch gemäßigte – Öffnung für den Massentourismus.

Am Cais ❶

Den Stadtrundgang, für den man einen Tag veranschlagen sollte, beginnt man am besten am alten Anlegekai, wo früher die Passagiere der Kreuzfahrtschiffe an Land gingen. Der Cais und die angrenzende Uferpromenade sind heute die Flaniermeile von Funchal, auf der sich in den frühen Abendstunden vorwiegen die jungen Stadtbewohner treffen. Sehen und gesehen werden, heißt die Devise. Mit seiner zum Rondell ausgebauten Spitze ist der Cais nicht zu verfehlen.

Alle Blumenverkäuferinnen tragen noch die farbenfrohe alte Tracht

Seite 40

Segler aus aller Welt verewigen sich im Jachthafen mit bunten Graffiti

Man braucht sich nur an dem wenig seetüchtig aussehenden Segelboot zu orientieren, das, von Glühbirnen erleuchtet, hinter dem kleinen steinigen Strand von Funchal liegt, so als wäre es am Ufer gestrandet. Das Boot gehörte einst den Beatles, der jetzige Besitzer ließ es zum Restaurant ausbauen.

Vom Cais überblickt man das (ganze) Halbrund der Bucht von Funchal, die oft mit einer Muschel verglichen wird.

Im Hafen

Früher mussten die Schiffe hinter einer kleinen Mole ankern, Passagiere und Waren wurden an Land gerudert. Erst vor wenigen Jahrzehnten entstand die heutige Hafenanlage, deren Kaimauer viel zu groß geraten scheint, denn von der einstigen Bedeutung als Umschlagplatz auf dem Weg nach Amerika und Asien hat Funchal mittlerweile einiges eingebüßt. Versorgungsschiffe, die Waren auf die Insel bringen und mit Bananen beladen zurückfahren, legen hier an, dazu ein paar Fischerboote und die Fähre, die zur Nachbarinsel Porto Santo hinüberfährt. Und hin und wieder auch ein Kreuzfahrtschiff, besonders zu Silvester, wenn in Funchal das berühmte Neujahrsfeuerwerk stattfindet.

Schmuckstück und Hauptattraktion des Hafens ist die **Marina ❷**, in der sich im Herbst die Transatlantiksegler vor ihrem Törn über den großen Teich versammeln. An der Mauer des Jachthafens verewigen sie sich immer wieder mit neuen bunten Bildern. Durchaus empfehlenswert sind die Fischlokale unten am Jachthafen, wenngleich die Methoden, mit denen sie um Gäste werben, etwas aufdringlich wirken mögen.

Seite 40

Vom Hafen zum Parque de Santa Catarina

Auf der anderen Straßenseite erhebt sich die palastartige Fassade der Festung São Lourenço. Links daneben grenzen die in einem historischen Gebäude untergebrachte Ladenzeile **Galerias de São Lourenço** und das Theater an. Noch weiter westlich, im **Marina Shopping Center,** kann man jeden Tag von 10 bis 22 Uhr in zahlreichen Boutiquen einkaufen.

Auf der Anhöhe oberhalb des Fischerhafens sieht man schon von weitem die weiße **Capela de Santa Catarina ❸**, zu der Treppenstufen hinaufführen. Sie steht angeblich an der Stelle, an der Constançá de Almeida, die Frau des Inselentdeckers Zarco, schon kurz nach der Besiedlung Madeiras eine erste Kapelle errichten ließ. Aus dieser Zeit ist allerdings nichts erhalten geblieben. Der heutige Bau stammt aus dem Barock, nur das Weihwasserbecken neben dem Eingang dürfte bereits um das Jahr 1500 angefertigt worden sein, worauf die für den manuelinischen Stil typischen Blumenmuster hindeuten.

Gleich daneben scheint **Christoph Kolumbus** (Cristovão Colombo, wie er auf Portugiesisch genannt wird) in Bronze gegossen die Aussicht über den Hafen genießen zu wollen. Kolumbus lebte vor seinen berühmten Entdeckungsreisen eine Zeit lang auf Madeira.

Im angrenzenden **Parque de Santa Catarina** muss man einfach etwas verweilen. Hier erwarten einen eine verschwenderische Blütenfülle, für die Madeira ja berühmt ist, exotische Bäume, Vogelvolieren, ein nostalgisches Café und in der Mitte thront auf einer riesigen Rasenfläche das Denkmal des Sämanns von Francisco Franco (s. S. 46).

Quinta Vigia

Quinta Vigia ❹

Das rosafarbene Gebäude schimmert im westlichen Teil des Gartens hinter dem Modell einer Windmühle zwischen den Bäumen hindurch. Einen ersten Eindruck von dem herrschaftlichen Haus (17. Jh.) vermittelt ein Blick durch das zinnenbewehrte, stets verschlossene Eisentor, zu dem eine Freitreppe hinaufführt.

Da in dem alten Herrenhaus mit den wunderschönen Fliesenbildern an der Veranda einige Behörden untergebracht sind, kann man werktags während der Dienststunden (Mo–Fr) nur den herrlichen Garten der Quinta besichtigen.

Tipp Lassen Sie sich nicht von den livrierten Herren abschrecken, die den Eingang an der Avenida do Infante wie Zerberusse bewachen. Normalerweise lassen sie Neugierige anstandslos passieren, es sei denn, die Quinta Vigia wird gerade von der Regionalregierung als Gästehaus genutzt.

Die Fassade der Quinta Vigia ist rosa gestrichen, eine auf Madeira traditio-

Seite 40

nell für herrschaftliche Häuser verwendete Farbe. Dass es sich um ein Wohnhaus reicher Leute gehandelt hat, erkennt man auch daran, dass zur Quinta eine kleine Privatkapelle gehört. Im hinteren Teil des Gartens steht ein kleiner Lusttempel. Die Damen des Hauses nahmen hier früher ihren Tee ein und überblickten dabei den Hafen.

Die Quinta Vigia wird immer wieder mit der Kaiserin Elisabeth (Sisi) von Österreich in Verbindung gebracht, die den Winter 1860 auf Madeira verbrachte, um eine Lungentuberkulose auszukurieren. Sisi hat aber hier nie gewohnt. Die heutige Quinta Vigia hieß nämlich früher Quinta das Angústias, während das Haus, das den Namen Quinta Vigia trug, mittlerweile Bulldozern zum Opfer gefallen ist. Es war eines von insgesamt fünf Herrenhäusern, die sich einst oberhalb des Hafens erhoben. Nur die Quinta das Angústias blieb stehen, und man hat ihr aus nostalgischer Erinnerung an Kaiserin Sisi den Namen Quinta Vigia gegeben.

Casino ❺

Vier historische Villen mussten dem Bau weichen, der zusammen mit dem angrenzenden Carlton Park Hotel ein recht eigenwilliges Ensemble aus Beton darstellt. Der berühmte brasilianische Architekt Oscar Niemeyer schuf das Casino in Form einer Dornenkrone, ähnlich wie die ebenfalls von ihm entworfene Kathedrale der brasilianischen Hauptstadt. Das Carlton Park Hotel setzte er auf Stelzen. Verständlicherweise war der Kahlschlag im Bereich der alten Quintas Anfang der 70er Jahre bei den Einheimischen heftig umstritten. Heute aber möchte man das Hotel nicht mehr missen, gehört es doch mittlerweile unverwechselbar zur Silhouette von Funchal. Zum 25. Jahrestag seiner Eröffnung wurde 1999 an der Straßenfront des Carlton Park Hotels ein Denkmal für Kaiserin Sisi aufgestellt (vgl. links).

Um den Jardim Municipal

Auf dem Weg stadteinwärts (Avenida do Infante) passiert man die **Praça do Infante,** in deren Mitte das Wasser des Springbrunnens rund um eine Weltkugel plätschert. Der Namen gebende Infante, also ein portugiesischer Prinz, thront am Rande des Platzes, in Bronze gegossen. Prinz Heinrich der Seefahrer trägt die Tracht der arabischen

Seite 40

Gelehrten, er selbst ist ja nur einmal in seinem Leben zur See gefahren. Doch förderte er die portugiesischen Entdeckungsfahrten, deren erstes Ergebnis 1419 die Inbesitznahme Madeiras war. Palisanderbäume bilden hier eine prachtvolle Allee. Ende April hüllen sie sich in ihr blauviolettes Blütenkleid, noch bevor die Blätter sprießen.

Nicht weit entfernt liegt linker Hand der sehenswerte **Jardim Municipal ❻**. Einst stand hier ein Franziskanerklos-

❶ Cais
❷ Marina (Jachthafen)
❸ Capela de Santa Catarina
❹ Quinta Vigia
❺ Casino
❻ Jardim Municipal
❼ Madeira Wine Company
❽ Handelskammer
❾ Fortaleza de São Lourenço
❿ Sé (Kathedrale)
⓫ Alfândega Velha (Altes Zollhaus)
⓬ Núcleo Museológico A Cidade do Açúcar
⓭ Mercado dos Lavradores
⓮ Museu de Electricidade
⓯ Fortaleza de São Tiago
⓰ Igreja do Socorro
⓱ Stickereifabrik Patricio & Gouveia
⓲ Museu Henrique e Francisco Franco
⓳ Rathaus
⓴ Jesuitenkolleg
㉑ Museu de Arte Sacra
㉒ Casa Museu F. Freitas
㉓ Quinta das Cruzes
㉔ Fortaleza do Pico
㉕ Quinta Magnólia
㉖ Reid's Palace Hotel

Seite 40

Konstruktion eines Weinfasses

ter, dessen Ruinen Ende des 19. Jahrhunderts endgültig für die Anlage des Stadtgartens abgerissen wurden. Tropische Pflanzen, die man in Europa aus Gewächshäusern kennt, wie Palmfarne, riesige Korallenbäume mit ihren roten Blüten, mexikanische Schraubenbäume, majestätische Araukarien und der Kapokbaum mit seinen baumwollähnlichen Früchten, gedeihen hier bestens im Freien. Auf den schattigen Parkbänken lassen sich die Einheimischen gern nieder, um entspannt ihre Zeitung zu lesen oder sich einfach auszuruhen.

Ein lauschiges **Gartencafé** lädt zu einer Rast ein.

Nebenan steht das Gebäude der **Madeira Wine Company ❼**. Hier kann man den Madeira-Wein nicht nur probieren und kaufen, sondern auch an einer einstündigen Führung durch den ehrwürdigen Weinkeller teilnehmen, in dem ständig rund 10 000 Fässer lagern (Mo bis Fr 10.30 und 15.30 Uhr, Sa 11 Uhr). In der ersten Hälfte des 20. Jhs. schlossen sich mehrere bekannte Weinproduzenten Madeiras, darunter alle englischen Winzer, zur Madeira Wine Company zusammen, über die heute etwa 50 % des Weinexports läuft.

In der **Handelskammer ❽**, gegenüber vom Stadtgarten, war um die Jahrhundertwende das »Café Ritz« untergebracht; aus dieser Zeit stammen Stuckdekor und Fliesenbilder. Die Bilder zeigen idyllische Szenen aus der Vergangenheit der Insel: reiche Leute, die sich in Hängematten auf die Berggipfel tragen ließen, die alte Zahnradbahn, die nach Monte verkehrte, von wo aus man mit dem Korbschlitten zu Tal fuhr, ankernde Schiffe im Hafen, Korbflechter, Stickerinnen und den ehrwürdigen Ochsenschlitten – früher ein wichtiges Verkehrsmittel in Funchal, das Ende der 70er Jahre endgültig dem Autoverkehr weichen musste.

São-Lourenço-Festung ❾

Die an die Handelskammer angrenzenden wuchtigen Mauern ohne jedes Fenster gehören zur **Fortaleza de São Lourenço.** In der Festung befindet sich heute der Amtssitz des Ministers der Republik (s. S. 23). Nur die Nordbastion mit dem **Museu Militar da Madeira** ist für Besucher zugänglich (Öffnungszeiten: Mo-Fr 9.30–12, 14–17.30, Sa 9.30–12 Uhr). Über dem dortigen Eingang prangt die Figur des Namenspatrons Sankt Laurentius.

Um einen Blick auf den **Südostturm** der Festung zu werfen, geht man auf der angrenzenden Straße ein paar Schritte bergab, vorbei an den grünen Hütten der Wachsoldaten. Die königlichen Insignien zieren die Flanke des Turms: über dem portugiesischen Wappen die Krone und das Kreuz des Christusordens, dessen Großmeister der König in Personalunion war, an den Seiten zwei Armillarsphären. Bis

Funchals Kathedrale ist mit manuelinischem Dekor verziert

ins 17. Jh. dienten diese Kugeln mit konzentrischen, teilweise beweglichen Ringen zur Darstellung der Haupthimmelskreise. Für die Portugiesen wurden sie im 15. Jh. zum Symbol der Entdeckungsfahrten.

Die Festung São Lourenço hat ihre eigentliche Funktion nie richtig erfüllt. Der erste, noch recht einfache Wehrturm von 1540 war nur zum Meer hin mit Kanonen bestückt. Französische Korsaren nahmen ihn 1566 von der Landseite her ein (s. S. 19). Daraufhin ließ König Sebastião den heutigen Bau nach Plänen italienischer Militärarchitekten errichten. Im 18./19. Jh. wurde das Innere zum Palast umgestaltet, in dem die Inselgouverneure residierten. Aus dieser Zeit stammt die repräsentative Fassade an der Meerseite der Festung.

An der Kreuzung zwischen Avenida Arriaga und Avenida Zarco erhebt sich ein Denkmal für João Gonçalves Zarco. Dort beginnt das Zentrum von Funchal. In den Seitenstraßen reihen sich **Souvenirgeschäfte,** die v. a. Stickereiwaren anbieten.

*Sé ⑩

Seite 40

Die Hauptstraße führt genau auf die Kathedrale *(Sé)* zu. Dieses Gotteshaus ist eines der wenigen Bauwerke im manuelinischen Stil, die in Funchal erhalten blieben. 1514 konnte der Bau, den König Manuel I. 21 Jahre zuvor in Auftrag gegeben hatte, fertig gestellt werden.

Schlicht ist die Fassade: Die Natursteinfront des Mittelschiffs wird nur durch das majestätische Portal mit Steinmetzverzierungen in Rankenform unterbrochen, darüber eine prächtige Fensterrosette. Den Giebel bekrönt das Kreuz des Christusordens. Es lohnt sich, einen Blick auf die Apsis der Kirche zu werfen, mit ihren gedrechselten Türmchen und der eigenwillig verschnörkelten Brüstung, auf der wiederum zahlreiche Kreuze des Christusordens sitzen. Der Turm trägt ein spitzes Dach, das in der Sonne in vielen Farben glitzert, da es mit kleinen, geometrisch angeordneten Fliesen gedeckt ist.

Ursprünglich war die Kirche sehr schlicht gehalten. Spitzbögen trennen das schmale, hohe Hauptschiff von den Seitenschiffen. Die aufwändig in Holz geschnitzten und üppig mit Blattgold belegten Altäre kamen erst in der Barockzeit hinzu. Aber auch von der ursprünglichen Kircheneinrichtung sind noch einige wertvolle Stücke erhalten.

Die Holzdecke wurde der Mode der damaligen Zeit entsprechend im Mudéjarstil von Hand geschnitzt und mit Elfenbeinintarsien versehen. Bis heute hat sie die Zeit fast unbeschadet überdauert, denn sie wurde aus dem Holz der so genannten Madeira-Zeder gefertigt, einer einheimischen Wacholderart, die äußerst widerstandsfähig gegen Insektenfraß ist. Ebenfalls aus dem 16. Jh. stammt das prächtige

Seite 40

Chorgestühl – in Blau gehalten und mit Gold verziert. Es wurde in Flandern geschnitzt und nach Madeira exportiert.

Rua João Tavira

Die Querstraße vor der Kathedrale wurde Ende der 1980er Jahre in eine Fußgängerzone umgewandelt. Fantasievolle Pflastermosaiken in Weiß und Schwarz zeigen u. a. eine Karavelle mit ihren zwei Masten und den Segeln, die das Kreuz des Christusordens tragen. Mit derartigen Schiffen unternahmen die Portugiesen ihre Entdeckungsfahrten.

Ein paar Schritte weiter ist die Kompassrose zu sehen, im oberen Teil der Straße ein Ochsenschlitten, der ein Weinfass hinter sich herzieht, dann ein Mann in der typischen Tracht der Madeirenser mit Pluderhosen und Lederstiefeln, dazu die *carapuça,* die kleine Zipfelmütze. Auch Hängemattenträger sind dargestellt, die mühselig einen Kranken über Stock und Stein transportieren.

Von der Sé bergab zum Hafen ist die Fußgängerzone von Straßencafés gesäumt.

Von der Alfândega Velha zur Küstenstraße

Zur Linken, kurz vor der Uferstraße, erhebt sich die **Alfândega Velha ⓫** (Altes Zollhaus). Das kleine Portal in der Rua da Alfândega mit seinen verschnörkelten Steinmetzverzierungen und dem portugiesischen Wappen über der Tür stammt von dem ursprünglichen manuelinischen Bau aus der Zeit um 1500. Der Rest des Gebäudes wurde nach dem schweren Erdbe-

Im Mercado dos Lavradores

ben von 1748 im barocken Stil völlig neu aufgebaut. Heute tagt hier das Regionalparlament von Madeira, weshalb das Innere leider nicht zu besichtigen ist.

Der Rua da Alfândega folgend, gelangt man zur Praça Colombo mit dem **Núcleo Museológico A Cidade do Açúcar ⓬**, einem kleinen Museum, das an die einstige Bedeutung des Zuckerexports für die Stadt Funchal erinnert (Öffnungszeiten: Mo–Fr 10–12.30, 14 bis 18 Uhr).

Anschließend spaziert man zur Avenida do Mar hinunter und auf dieser Richtung Osten. Inmitten eines modern gestalteten Platzes erhebt sich das **Monumento a Autonomia** (Autonomiedenkmal). Die eigenwillig geformte Säule am landseitigen Ende des Platzes ist eine Nachbildung des Schandpfahls *(Pelourinho)* von Funchal, der bis 1835 hier gestanden hatte. Vom Volk beschimpft und mit Steinen beworfen, mussten Verbrecher ihre Strafe abbüßen.

*Mercado dos Lavradores ⓭

Auf der anderen Seite des Flussbetts befindet sich die Markthalle (»Bauernmarkt«) von Funchal (Öffnungszeiten: Mo–Do 8–20, Fr 7–20, Sa 7–14 Uhr).

Seite 40

Charakteristische Gassenszene in der Zona velha

Eine blau-weiße Fliesendarstellung eines Brunnens der Leda mit dem Schwan inmitten von Markthändlern, die Blumen, Früchte und Fisch zum Kauf anbieten, ziert die Vorderfront; so sah der alte Markt von Funchal aus (der Brunnen steht heute im Innenhof des Rathauses).

Rund um den Innenhof gruppieren sich auf zwei Ebenen malerisch angeordnet Körbe, üppig gefüllt mit exotischen Früchten und Gemüsen. Auch Geschäfte mit Lederwaren, Wein- und Korbläden finden sich hier. Am Freitag und Samstag reicht der Platz kaum aus, dann kommen die Bauern vom Land und bieten ihre Produkte feil. Im hinteren Teil des Gebäudes, eine Treppe tiefer, liegen auf langen Tischen Fische und andere Meerestiere zum Verkauf.

Am Eingang warten Verkäuferinnen in typischer Tracht mit Orchideen und Strelitzien, Flamingoblumen, Callas und Strohblumen in allen Farben auf. Man kann sich die ganze Blumenpracht transportsicher verpacken lassen und mit nach Hause nehmen.

In der Zona velha

Richtung Meer biegt man hinter einem großen Brunnen aus Basaltgestein, dem ältesten in Funchal (18. Jh.), links zum **Museu de Electricidade** ⓮ ab, das didaktisch gut aufbereitet die Geschichte der Elektrifizierung Madeiras nachzeichnet (Öffnungszeiten: Di–So 10–12.30 und 14–18 Uhr, Fei geschl.).

Südlich dem Gassengewirr der **Zona velha** (Altstadt) erstreckt sich ein weitläufiger Platz, dessen Westteil für einen Kleidermarkt genutzt wird. Am Ostrand symbolisieren die gewellten Rasenflächen des modernen **Parque Almirante Reis** die Verbindung von Land und Meer. Hier befindet sich die Talstation des **Teleférico:** Die Seilbahn verbindet die Zona velha mit dem hoch über der Stadt gelegenen Wallfahrtsort Monte (Betriebszeiten: tgl. 10–18 Uhr; Fahrtdauer: ca. 20 Min.).

Der Largo do Corpo Santo ist Fußgängerzone, einige Restaurants stellen Tische im Freien auf.

In Kneipen der Nebenstraßen ist auch nachts etwas los.

Seite 40

Bei der alten **Capela do Corpo Santo** mit ihrem winzigen Glockenturm aus dunklem Basalt wird es ruhiger. In dieser Gegend trifft man kaum Touristen.

Fortaleza de São Tiago ⑮ und Umgebung

Einfache und meist nur einstöckige Häuser säumen den Weg bis zur **Fortaleza de São Tiago.** Das Fort aus dem 17. Jh. wirkt mit seinen rund überkuppelten Türmchen und dem ockerfarbenen Putz eher freundlich als abschreckend. Die Anlage beherbergt eine kleine Militärausstellung sowie das **Museu de Arte Contemporânea** (Museum für zeitgenössische Kunst) mit wechselnden Exponaten (Öffnungszeiten: Mo–Sa 10–12.30, 14 bis 17.30 Uhr, Fei geschl.).

Unterhalb der Festung liegt die **Praia das Estrelas**, ein grobkiesiger, kleiner Strand.

Durch eine schmale Gasse erreicht man die etwas oberhalb der Feste gelegene **Igreja do Socorro ⑯**, die Pfarrkirche der Altstadt. Pastellfarben beherrschen das Innere, an Haupt- und Seitenaltären geschickt mit Gold kombiniert. Barocke Heiligenbilder zieren die Holzdecke. Die Kirche wurde nach dem Erdbeben von 1748 im Barockstil völlig neu erbaut.

Dem nahen Miradouro (Aussichtspunkt) zu Füßen liegt die beliebte Badeanlage **Barreirinha** (Öffnungszeiten: tgl. 8.30–19 Uhr). Treppen führen ins Meer, für Kinder gibt es ein Planschbecken. Snackbar und Restaurant, sanitäre Einrichtungen und Umkleidekabinen sorgen für allen Komfort.

Leben und Werk des Francisco Franco

Als Fünfzehnjähriger ging Francisco Franco 1900 nach Lissabon, um dort die Königliche Akademie der schönen Künste zu besuchen. 1909 zog es ihn nach Paris in den Kreis um Rodin. Der Ausbruch des Ersten Weltkregs zwang ihn zur Rückkehr nach Madeira, wo er in den folgenden Jahren vier Plastiken anfertigte, die deutlich den Einfluss der Pariser Schule verraten: das Fliegerdenkmal am Hafen von Funchal in Erinnerung an den ersten Flug von Lissabon nach Madeira am 22. März 1921, einen Torso, der an den Angriff eines deutschen U-Bootes auf Funchal 1916 erinnert, einen flehenden Engel auf einer Grabstätte (beide auf dem Friedhof von Funchal in São Martinho) und die Zarco-Büste in Terreiro da Luta. 1919 ging Francisco Franco erneut nach Paris, wo er eine intensive Schaffensphase im Kreis um Picasso und Maillol erlebte. Damals schuf er auch die Figur des Sämanns (heute im Santa-Catarina-Park in Funchal). Nach einer Italienreise kehrte er 1926 nach Madeira zurück. Unter dem Einfluss der römischen Antike gestaltete er die Statue von João Gonçalves Zarco (Avenida Arriaga). Ihr monumentaler Charakter war für die folgenden Jahrzehnte richtungweisend in der Bildhauerkunst des »Neuen Staates«. Die Zusammenarbeit mit dem Salazar-Regime brachte Franco Kritik in internationalen Künstlerkreisen ein. Bis zu seinem Tod 1955 führte er auf dem Festland zahlreiche Auftragsarbeiten aus.

Seite 40

Stickerei und Malerei

Immer geradeaus führt der Weg zur Markthalle zurück. In der Nähe steht die bekannteste Stickereifabrik von Funchal, **Patricio & Gouveia ⑰** (Rua Visconde da Anadia 33). So reizvoll der Verkaufsraum sein mag, versäumen Sie nicht den Besuch der Fabrik. Schon allein das Treppenhaus mit seiner knarrenden Stiege ist museumsreif. Im zweiten Stock riecht es nach Farbe; mittels Papierschablonen tragen Frauen die Muster blau auf den Stoff auf. Im Stockwerk darüber befindet sich die Endfertigung: Aus den bestickten Stücken wird die Farbe ausgewaschen, dann wird der Stoff gebügelt und versäubert (Mo–Fr 9–13, 15–18, Sa 9.30–12 Uhr).

Die hier angebotenen **Stickereien** sind garantiert auf Madeira handgefertigt.

Ein paar Schritte weiter befindet sich das **Museu da IBTAM** (Stickereimuseum). Den Schwerpunkt der Sammlung bilden wertvolle Stickereien aus dem 19. Jh. und der Zeit um 1900 (Mo–Fr 10–12.30, 14.30–17.30 Uhr).

In der Rua João de Deus, abseits der üblichen touristischen Pfade, steht das **Museu Henrique e Francisco Franco ⑱** mit dem tempelförmig gestalteten, von Säulen umgebenen Eingang. Henrique Franco (1883–1961), der Maler, war der weniger bekannte der beiden Brüder. Seine madeirensischen Landschaften sind in warmen Tönen gehalten. Er porträtierte Bauernfamilien, Frauen und Mädchen von der Insel. Weniger bodenständig präsentieren sich die Werke seines jüngeren Bruders Francisco Franco (1885 bis 1955, s. S. 46). Er schuf Skulpturen aus Holz, Ton und Stein (Öffnungszeiten: Mo–Fr 9–12.30, 14–17.30 Uhr).

Innenhof des Rathauses

Am Rathausplatz

Der Stadtrundgang führt weiter über ein blumenumranktes Bachbett und am Justizpalast vorbei zur **Praça do Município** (Rathausplatz).

Das **Rathaus ⑲** ist am Flaggenschmuck und dem steinernen Stadtwappen zu erkennen. Das Wappen trägt die fünf Zuckerhüte, die König Manuel I. der Stadt Ende des 18. Jhs. verlieh, und die vier Weintrauben – beides Symbole für die einstigen Säulen der Inselwirtschaft. Das Rathaus stammt, ebenso wie die Häuser der Umgebung, aus der Barockzeit. Ende des 18. Jhs. ließ es Graf João José de Carvalhal, damals wohl der reichste Mann der Insel, als Wohnhaus errichten. Der wuchtige, von breiten Fenstern durchbrochene Turm diente dazu, nach ankommenden Schiffen Ausschau zu halten, damit der Hausherr möglichst früher als seine Konkurrenten Geschäfte abschließen konnte. 1883 verkaufte die Grafenfamilie ihren

Seite 40

Palast der Stadt, die hier das Rathaus einrichtete. Während der Dienststunden kann man hineingehen und den prächtigen Innenhof bewundern. Fliesendekor säumt die Wände, auffallend ist der Brunnen mit Leda und dem Schwan.

Dominiert wird der Rathausplatz vom **Jesuitenkolleg** ⑳. Nach dem Piratenüberfall von 1566 kamen die Jesuiten nach Madeira, um zu verhindern, dass die reformatorischen Ideen der hugenottischen Korsaren in der Bevölkerung um sich griffen. Bald machten sie wohl auch recht gute Geschäfte im Weinbau. Das Kolleg diente den männlichen Sprösslingen reicher Familien als Oberschule. Heute ist ein Teil der Universität hier untergebracht. Die Kirche, im Barock des 17. Jhs. errichtet, trägt an der Fassade die Marmorfiguren von Jesuitenheiligen. Links unten ist der Ordensgründer Ignatius von Loyola zu erkennen. In der angrenzenden Rua dos Ferreiros bietet das restaurierte Hauptportal des Kollegs Zugang zu einem der beiden ehemaligen Kreuzgänge.

Noch ein weiteres bemerkenswertes Gebäude grenzt an den Rathausplatz: der alte **Bischofspalast** (18. Jh.). Wenig spektakulär duckt er sich mit seinem Arkadengang gegenüber dem Jesuitenkolleg hinter zwei Oleanderbüsche.

Heute residiert in dem Palast das ***Museu de Arte Sacra** ㉑ (Museum für kirchliche Kunst). In der 1. Etage fällt unter den zahlreichen Kirchenschätzen aus Silber von der Monstranz bis zum Weihrauchgefäß vor allem ein vergoldetes Prozessionskreuz ins Auge, das beachtliche 1,27 m misst. König Manuel I. schenkte es Anfang des 16. Jhs. der Kathedrale von Funchal. Ausgestellt sind außerdem viele barocke Heiligenfiguren von portugiesischen Künstlern. Besonders beeindruckend jedoch ist die Sammlung flämischer Ölgemälde im 1. Stock. Sie wurden im 15./16. Jh. im Austausch gegen den in Flandern äußerst begehrten Zucker erworben. Einst zierten die Bilder Dorfkirchen und Privatkapellen, so das Gemälde aus Madalena do Mar mit den Heiligen Anna und Joachim in prachtvollen, der mittelalterlichen Mode entsprechenden Gewändern. Die beiden Gestalten tragen angeblich die Züge Heinrichs des Deutschen und seiner Gemahlin (s. S. 94). Öffnungszeiten: Di–Sa 10 bis 12.30, 14.30–18 Uhr, So 10 bis 12.30 Uhr; an Feiertagen geschlossen.

In der Oberstadt

Durch die Rua das Pretas geht es nun in die Oberstadt hinauf. Der Straßenname (*pretas* bedeutet »Negerinnen«) erinnert an das 15./16. Jh., als es in Funchal noch viele schwarze Sklaven gab. Ihnen waren bestimmte Wohnviertel zugewiesen, die sie nachts nicht verlassen durften. Heute haben sich in der Gegend einige Antiquitätenhändler niedergelassen.

Nun wird es anstrengend. Die schmale Rua de Santa Clara führt steil bergauf, zunächst zur **Casa Museu Frederico de Freitas** ㉒. Das Herrenhaus aus dem 17. Jh. beherbergt die Sammlung seines letzten Bewohners, Dr. Frederico de Freitas, der 1978 seinen gesamten Besitz der Stadt hinterließ. Hunderte von Einzelstücken zu den verschiedensten Themen sind zu bestaunen, u. a. Zuckerkistenmöbel (s. S. 26) sowie Stiche und Zeichnungen aus dem 19. Jh. Heraus ragt die umfangreiche Fliesensammlung, der die eigens errichtete **Casa dos Azulejos** gewidmet ist (Öffnungszeiten: Di bis Sa 10–12.30, 14–18, So 10 bis 12.30 Uhr, Fei geschl.).

Seite 40

Die Quinta das Cruzes birgt kostbare Kunstwerke

Weiter aufwärts gelangt man zur ***Quinta das Cruzes** ㉓. Wie es heißt, soll der Inselentdecker Zarco im 15. Jh. hier seine Residenz gehabt haben. Doch aus dieser Zeit sind allenfalls die Grundmauern übrig geblieben.

Das Herrenhaus, wie es heute zu besichtigen ist, wurde wie so viele Gebäude in Funchal nach dem Erdbeben von 1748 im Barockstil errichtet. Am schönsten ist wohl der Garten, der sich von der Straße kaum sichtbar hinter hohen Mauern verbirgt. Hier wurde ein kleiner archäologischer Park mit Steinmetzarbeiten aus alten Gebäuden eingerichtet, die zum Abriss verurteilt waren. Wappensteine und Grabplatten, Weihwasserbecken und Basaltkreuze konnten so vor dem Verfall gerettet werden. Interessantestes Stück ist das Fragment des Schandpfahls der Stadt, der einst am Largo do Pelourinho stand (s. S. 44). Die großen Fensterrahmen, fantasievoll mit Rankenwerk, dämonischen Figuren und Schiffstauen verziert, sind die wohl schönsten Steinmetzarbeiten aus manuelinischer Zeit, die man auf Madeira noch findet. Ihre wechselvolle Geschichte ist kaum nachvollziehbar, einst sollen sie dem nicht mehr existierenden Armenhospital von Funchal gehört haben, das 1507 errichtet wurde.

Steinmetzarbeit im Garten der Quinta das Cruzes

Tipp In der Quinta das Cruzes ist ein **Museum** untergebracht. Neben Kunstwerken und Porzellan sind hier die berühmten Zuckerkistenmöbel (s. S. 26) zu sehen. Ein Saal präsentiert sehr alte Fliesen *(azulejos)*, die in einer Technik gefertigt wurden, bei der das Zerlaufen der Glasur durch Einteilung der Fläche in verschiedene Felder verhindert wurde (Öffnungszeiten: Di bis So 10–12.30, 14–18 Uhr).

Der **Garten** der Quinta das Cruzes strahlt Ruhe aus. Unzählige Pflanzen aus tropischen Ländern haben die ehemaligen Besitzer gesammelt. Es gibt sogar eine kleine Orchideenzucht (Öffnungszeiten: tgl. 10–18 Uhr).

Wer jetzt noch Kraft hat, sollte die Straße noch ein Stück weiter bergauf gehen bis zu der nächsten Seitenstraße links, die schon bald an einer hohen Toreinfahrt endet. Finster erheben sich die mächtigen schwarzen Basaltmauern der **Fortaleza do Pico** ㉔. In dem abweisend wirkenden Komplex, der Ende des 16. Jhs. errichtet wurde, ist eine permanente Ausstellung mit alten Stichen untergebracht, die den Beitrag der Festung zur Geschichte

Seite 40

Straßenrestaurants laden in der Altstadt zum Verweilen ein

Madeiras dokumentiert (Öffnungszeiten: tägl. 10–18 Uhr). Von hier oben genießt man einen einmaligen Blick über die Innenstadt von Funchal.

Weitere Sehenswürdigkeiten

Von der Praça do Infante nach Westen passiert die Estrada Monumental alle wichtigen Hotels der Stadt. Zu Fuß oder per Stadtbus wird auf einer Brücke eine Schwindel erregende Schlucht überquert, dann zweigt rechts die Rua Dr. Pita steil aufwärts ab.

Oberhalb des Hotels »Quinta do Sol« erwartet die **Quinta Magnólia** ㉕ mit ihrem wunderschönen Park den Besucher. Der British Country Club hatte sich in dem ehemaligen Herrenhaus eingerichtet, heute gehört es der Stadt. Baumriesen sorgen in der weitläufigen Gartenanlage für Schatten. Ein Prachtexemplar ist die Baum-Strelitzie, eine gigantische Verwandte der kleineren Paradiesvogelblume. Im Park gibt es mehrere Tennisplätze, ein Schwimmbad und in der angrenzenden Schlucht sogar einen Trimmparcours, alles zur freien Verfügung.

Nobel geht es im **Reid's Palace Hotel** ㉖ zu, das sich unweit der Quinta Magnólia an der Estrada Monumental befindet. Einst galt die Edelherberge als eines der führenden Häuser der Welt. Heute zehrt sie ein wenig von vergangenem Glanz. Noch immer kann man sich bei einem Sandwich- und Kuchen-Menü mit Tee von der gediegen britischen Atmosphäre verzaubern lassen (einige Tage vorher persönlich an der Rezeption anmelden). Angemessene Kleidung wird nach wie vor erwartet! Genießen Sie – zurückgelehnt in die wuchtigen Korbsessel mit dem altmodischen Blümchenpolster – den unvergleichlichen Blick von der Terrasse wie die Prominenten, deren Namen die lange Gästeliste des Reid's zieren.

Das moderne Hotelviertel Funchals schließt sich im Westen an. Um die Praça do Gorgulho konzentrieren sich Boutiquen, Supermärkte und Restaurants. Nicht weit von hier liegt am

Seite 40

Meer die öffentliche Felsbadeanlage **Lido.** Daran grenzt Richtung Westen eine lange **Uferpromenade,** die an einer weiteren Badeanlage (Punta Gorda – Poças do Governador) vorbei zur Praia Formosa führt.

Tipp In einer lang gezogenen Linkskurve hinter dem Hotel Madeira Palácio (Richtung Câmara de Lobos), zweigt der Weg zur grobkiesigen **Praia Formosa** ab, dem mit 800 m längsten Strand Madeiras. Am Ostrand erheben sich zwei Hotels, im Westen befindet sich eine der offiziellen Badezonen von Funchal mit Strandbars, sanitären Einrichtungen, Liegenverleih usw.

Infos

Direcção Regional de Turismo, Av. Arriaga 18, Tel. 291 22 5658, Fax 291 23 2151; www.madeiratourism.org; Öffnungszeiten: Mo–Sa 9 bis 19 Uhr, So, Fei 9–13Uhr.

Busverbindungen: Die orangefarbenen **Stadtbusse** *(Horários do Funchal)* verkehren in dichter Folge in alle Stadtteile. Die Endstationen reihen sich längs der Uferstraße Avenida do Mar. An den Haltestellen hängen Fahrpläne und Karten, die das Liniennetz zeigen. Ermäßigte Doppelfahrscheine und Touristen-Wochenkarten (Personalausweis erforderlich) sind in den grünen Verkaufspavillons an der Av. do Mar erhältlich.

Überlandbusse starten in Richtung Osten vom Busbahnhof in der Rua Gulbenkian, Richtung Westen vom Busbahnhof in der Rua Dr. Manuel Pestana Jr. Busse in Richtung Caniço, Camacha/Santo da Serra und Faial/Santana fahren an der Uferpromenade südlich der Altstadt ab. Auskünfte beim Fremdenverkehrsamt (s. o.).

Fährverbindungen: Ein- bis zweimal täglich (außer Di) verkehrt eine **Autofähre** von der Außenmole des Hafens nach Porto Santo. Preis für eine Hin- und Rückfahrt: ca. 50 €; Dauer der Überfahrt: 3 Stunden. In den Sommermonaten laufen **Ausflugsboote** verschiedene Ziele an der Südküste Madeiras an.

Taxis: Im Stadtgebiet muss der Taxameter eingeschaltet werden. Der Grundpreis beträgt 1,50 €. Für Fahrten zu touristisch interessanten Zielen (Monte, Botanischer Garten u. a.) gibt es Richtpreise (Wartezeiten während der Besichtigungen eingeschlossen).

Einige einfachere Hotels und Pensionen gibt es in der Innenstadt. Die meisten Touristenhotels stehen allerdings im Westen Funchals entlang der Küstenstraße. Recht exklusive Häuser, allesamt renovierte Quintas, sind in jüngerer Zeit am Rand der Altstadt und in den Außenbezirken Funchals entstanden.

- **Reid's Palace Hotel,** Estrada Monumental, Tel. 291 76 3001, Fax 291 71 7177, http://reidspalace.orient-express.com. Traditionsreiches Spitzenhotel Madeiras; s. S. 50. ○○○
- **Carlton Park Hotel,** Rua Imperatriz D. Amélia, Tel. 291 20 9100, Fax 291 23 2076. Elegant, stadtnahe Lage; tolles Showprogramm. ○○○
- **Quinta Bela Vista,** Caminho Avista Navios 4, Tel. 291 70 6400, Fax 291 70 6401; www.qbvista.pt. Herrenhaus am nordwestlichen Stadtrand. ○○○
- **Albergaria Dias,** Rua Bela de São Tiago 70, Tel. 291 20 6680, Fax 291 20 6681. In der Altstadt, ruhig, schöner Garten. ○○
- **Pestana Palms,** Rua do Gorgulho, Tel. 291 70 9200, Fax 291 76 6247, www.pestana.com. Extravaganter

Seite 40

Neubau an der Felsküste, auf dem Gelände eines alten Herrenhauses. ○○

▮ **Quinta da Penha de França,** Rua Penha de França 2, Tel. 291 20 4650, Fax 291 22 9261. Altes Herrenhaus in ruhigem Gartengelände, Neubau mit Meeresblick, stadtnahe Lage. ○○

▮ **Americana,** Largo do Chafariz 20, Tel. 291 23 1040, Fax 291 23 1299. Bei der Kathedrale, renovierte Zimmer, familiär. ○

Die Restaurantauswahl in Funchal ist sehr groß. In der Innenstadt findet man einfache Restaurants, in denen Einheimische zu Mittag essen, in Umgebung der Kathedrale, den Einkaufsstraßen Rua da Carreira, Rua do Aljube und Rua Dr. Fernão Ornelas sowie der Markthalle.

Ein wunderschön nostalgisches Café-Restaurant ist das **Golden Gate** an der Ecke Av. Arriaga/Av. Zarco**,** Tel. 291 23 4383. In Korbsessel gelehnt genießt man Kuchen, Snacks oder auch Hauptgerichte. ○○○

▮ Restaurants der Spitzenkategorie liegen vorwiegend rund um die Luxushotels in der Nähe der Avenida do Infante, z. B. **Casa Velha,** Rua Imperatriz D. Amélia, Tel. 291 22 5749. ○○○ **Casa dos Reis,** Rua Penha de França 6, Tel. 291 22 5182. ○○○

Vom Tante-Emma-Laden zum Shoppingcenter

Madeira Shopping heißt der neue Tempel, zu dem die Madeirenser am Wochenende pilgern – ein für Inselverhältnisse gigantisches Einkaufszentrum, in dem die Geschäfte dank des liberalen portugiesischen Ladenschlussgesetzes auch am Samstag und Sonntag bis spät abends geöffnet sind. Unter einem Dach sind hier etwa 120 Läden und 25 Restaurants vereint. Renommierte internationale Ladenketten sind ebenso vertreten wie die bekannten Fastfood-Anbieter. Natürlich gibt es auch einen so genannten Hipermercado, einen überdimensionalen Supermarkt. Für die Freizeitgestaltung sorgen sieben Kinosäle sowie eine riesige Spielhalle.

Eltern und Kinder, Großeltern und Tanten machen sich am Wochenende gemeinsam auf den Weg zum Einkaufsabenteuer. Schon der Verkehrsstau bei der Anfahrt und die Stellplatzsuche im immer gut gefüllten, mehrstöckigen Parkhaus sind fester Bestandteil des Ausflugs. Stolz wird der meist noch recht neue, oft von der Bank finanzierte Kleinwagen vorgeführt, der zuvor sorgfältig gewaschen wurde. Ist das Auto erst einmal geparkt, taucht man auf breiten Rolltreppen genüsslich ab ins Vergnügen.

Nur die ältere Generation kann sich nicht so schnell an die neue Zeit gewöhnen. Staunend steht sie vor Schaufenstern und Regalen. Noch Anfang der 1990er Jahre gab es auf Madeira nur winzige Geschäfte, die das Lebensnotwendige führten. Frische Ware, Kleidung und Hausrat kaufte ein Großteil der Bevölkerung auf dem Markt. Jetzt sind für die Einzelhändler schwere Zeiten angebrochen. Mit dem Angebot der Ladenketten können sie nicht mithalten. Und so schließt ein Tante-Emma-Laden nach dem anderen.

Seite 40

Terrasse des Reid's Palace Hotel

Nachtleben im Hafen

▪ Lokale mittlerer Kategorie, die auf Fisch und Meeresfrüchte spezialisiert sind, findet man rund um den Jachthafen und in der Fußgängerzone der Altstadt, z. B. **Marina Terrace,** Marina, Tel. 291 23 0547, und **Tapasol,** Rua D. Carlos I. 62, Tel. 291 22 5023. ○○

▪ Zahlreiche Restaurants meist der mittleren Kategorie haben sich im neueren Teil des Hotelviertels angesiedelt. Besonders schön sitzt man auf der Terrasse des **Summertime,** Estrada Monumental 318, Tel. 291 76 2476. ○○ Renommiert ist das **Tropical,** Estrada Monumental 306, Tel. 291 76 3642. ○○

▪ Auf Fisch spezialisiert sind an der Praia Formosa **Doca do Cavacas,** Ponta da Cruz, Tel. 291 76 2057, und **By the Sea,** hinter Hotel Atlantic Gardens, Tel. 291 76 3120. ○○

▪ Im **WWW Cyber Café,** Avenida do Infante (nahe Praça do Infante) surft man für ca. 1,50 € pro Stunde im Internet. 2 € kostet es im **Oudinot Shopping Center,** 2. St., Laden 23, wo es aber keine Getränke gibt.

Renommierte Nightclubs besitzen die Hotels **Carlton Park** und **Savoy,** gute Diskotheken das **Madeira Carlton** und **Madeira Palácio.**

▪ Jüngeres Publikum trifft sich in den Diskos **Vespas,** Av. Sá Carneiro, und **Formula 1,** Rua do Favilha 5.

▪ Im **Casino** kann man beim Roulette oder Black Jack sein Glück versuchen (Öffnungszeiten: tgl. 20–3 Uhr; Mindestalter 18 Jahre, Personalausweis erforderlich).

▪ Im **Baccara,** dem Nightclub des Casinos, finden Laser- und Tanzshows statt.

▪ Ruhiger geht es im **Marcelino,** Travessa das Torres 22, zu, wo man täglich von 22 bis 2 Uhr Fado hören kann.

Jeden Donnerstag gibt es ab 22 Uhr Jazz live in der **Moonlight Bar,** Hotel Tivoli Ocean Park, Rua Simplício dos Passos Gouveia 29 (nahe Lido), sowie von Mittwoch bis Sonntag ab 20 Uhr im **Jazz Café** an der Praça do Infante.

Ausflüge

Quinta da Boa Vista

Auf dem Gelände des Herrenhauses aus dem 18. Jh. betreibt die Engländerin Betty Garton seit zwei Jahrzehnten eine sehr erfolgreiche Orchideenzucht. In der Quinta da Boa Vista kann man die wertvollen Pflanzen zu recht günstigen Preisen erwerben oder auch einfach durch die Gewächshäuser und den angrenzenden Park schlendern. (Öffnungszeiten: Mo–Sa 9–17.30 Uhr; gekaufte Pflanzen werden transporttauglich verpackt.)

Seite 69

Blütenzauber im Jardim Orquídea

*Jardim Botânico

1960 wurde in der weitläufigen Parkanlage der Quinta Reid der Botanische Garten der Stadt Funchal eingerichtet (Öffnungszeiten: tgl. 9–18 Uhr; siehe S. 10). Im alten Herrenhaus ist heute das **Museum für Naturgeschichte** untergebracht. Der Garten bietet eine faszinierende Mischung von üppig wuchernden tropischen und subtropischen Pflanzen. Ein Bereich ist den endemischen Pflanzen Madeiras, ein anderer den Nutzpflanzen vorbehalten. Vom Terrassencafé oder von einer der sorgfältig mit Basaltsteinen ausgelegten Aussichtsplattformen überblickt man die Bucht von Funchal.

Busverbindungen: Gute Verbindung mit den Stadtbussen der Linien 29, 30, 31.

Jardim Orquídea

Ein österreichisches Ehepaar hat unterhalb des Botanischen Gartens liebevoll einen Orchideengarten angelegt, in dem die seltensten Arten aus aller Welt zu sehen sind – und alle aus eigener Nachzucht. Ein Blick ins Labor zeigt, welch aufwändiger Pflege die empfindlichen Pflanzen bedürfen (tgl. 9–18 Uhr; www.madeiraorchid.com).

Fonte do Largo, Monte

**Monte

Hoch über der Stadt liegt das Villenviertel von Funchal. Zahlreiche wohlhabende Leute haben sich hier seit dem 19. Jh. ihr Domizil errichten und Quintas mit prächtigen Gärten anlegen lassen. Mittelpunkt der Gemeinde Monte ist der **Largo do Monte** unter-

Berühmte Schlittenfahrt

Kein Besucher Madeiras versäumt das Erlebnis einer Korbschlittenfahrt. Sogar wer mit dem Kreuzfahrtschiff nur für wenige Stunden nach Funchal kommt, lässt sich meist nach Monte hinauffahren, um von dort in schneller Fahrt die steilen Straßen hinab bis zum Stadtrand zu gleiten. Zwei Männer, bekleidet mit weißen Hosen und Hemden und dem als »Kreissäge« bekannten Strohhut, lenken das Gefährt, ziehen oder bremsen je nach Bedarf. 1849 wurden die Schlitten eingeführt, nachdem sich

Seite 69

halb der Kirche. Über eine efeuumrankte Brücke fuhr einst die Zahnradbahn von Funchal über Monte weiter nach Terreiro da Luta. Das gelbe Gebäude am Largo ist der alte Bahnhof. Während des Zweiten Weltkriegs wurden die Schienen abmontiert. Heute fährt eine **Seilbahn** in etwa 20 Minuten von Funchal herauf nach Monte (s. S. 45). Die Bergstation des *Teleférico* befindet sich an der schmalen Straße nach Babosas (unterhalb der Kirche von Monte ausgeschildert).

Im **Café do Parque** kann man auf der Terrasse in Ruhe einen Drink genießen. Oft lässt sich ein Harmonikaspieler in alter Madeira-Tracht auf einer nahe gelegenen Bank nieder und unterhält die Gäste mit Folkloremusik.

Der Marmorbrunnen, die **Fonte do Largo,** ist zugleich ein kleines Heiligtum für die Jungfrau von Monte und immer blumengeschmückt. Gläubige stellen Kerzen zu Ehren der Madonna auf.

Treppenstufen führen steil bergauf zur Wallfahrtskirche **Nossa Senhora do Monte** (Öffnungszeiten: Mo–Sa 9.30–13, 15–18 Uhr). Im 18. Jh. begann man mit dem Bau des sehr aufwändig gestalteten Gotteshauses. Im 16. Jh. soll oberhalb von Monte, in Terreiro da Luta, ein Hirtenmädchen eine Marienerscheinung gehabt haben. Als sie ihren Eltern davon erzählte, glaubten sie ihr nicht. Als sich das Ereignis mehrfach wiederholte, ging der Vater heimlich hinterher, um zu schauen, ob die Geschichte wahr sei. Zwar konnte er selbst die Erscheinung nicht sehen, doch fand er eine Statue der Madonna, der zu Ehren damals eine Kapelle an der Stelle des heutigen Gotteshauses errichtet wurde.

Die Jungfrau von Monte erfährt seither höchste Verehrung. Sie thront winzig klein in einem silbernen Schrein auf dem Hauptaltar. In einer Seitenkapelle wurde der letzte Kaiser von Österreich, Karl von Habsburg, beigesetzt, der während seines Exils mehrere Monate in einer Villa in Monte wohnte, wo er 1922 starb.

Pferdewagen auf dem steilen Weg nach Monte als zu unpraktisch erwiesen hatten. Hinauf ging es gemächlich zu Pferd oder per Sänfte, hinab rasant per Schlitten. Die auf der Welt wohl einmaligen Fahrzeuge genossen bald einen solchen Ruf, dass sie von Anfang an eine Touristenattraktion waren. Nur in Russland, im Ural, soll es ähnliche geben, doch mit Rädern statt mit Kufen. Sogar Jules Verne hat die Korbschlitten Madeiras in einem seiner Werke beschrieben. Früher saß man zu zehnt in damals noch recht unbequemen Gefährten, und sechs Fahrer steuerten sie mehr oder weniger zuverlässig, am Nachmittag wegen des vorangegangenen Alkoholgenusses angeblich etwas weniger umsichtig als am Morgen. Heute ist alles einfacher, aber auch professioneller geworden. Zwei oder drei Personen finden in den gepolsterten Schlitten Platz, und diese müssen nicht mehr von Hand nach Monte zurückgezogen werden, sondern ein Lkw fährt sie hinauf. Die Fahrer verrichten die schwere Arbeit angesichts des meist guten Trinkgelds recht gern.

Seite 69

Nahverkehr in Monte

Treppenstufen führen hinab zu einer Terrasse vor der Kirche. Alljährlich zu Mariä Himmelfahrt (15. August), wenn eine große Wallfahrt in Monte stattfindet, rutschen die Gläubigen auf Knien die Treppen hinauf, um von der Madonna von Monte Gnade zu erflehen.

Als im Jahre 1803 nach stundenlangem Dauerregen die Flüsse in Funchal über die Ufer traten und schwere Schäden anrichteten, die auch zahlreiche Menschenleben forderten, erbaten die Stadtbewohner Hilfe von der Jungfrau von Monte. Der Regen ließ nach, und man erklärte die Madonna daraufhin zur Schutzheiligen der Insel. Seither ist die Wallfahrt zu Mariä Himmelfahrt das größte Kirchenfest Madeiras.

Tipp Der Prozession geht am Vorabend ein großes Fest mit Feuerwerk und Musik voraus.

Von der Terrasse schaut man hinab auf die berühmten ****Korbschlitten.** Männer in traditioneller weißer Kleidung mit Lederstiefeln und Strohhüten warten auf Touristen, die für 9 € pro Person von hier aus nach Livramento (auf halbem Weg zur Innenstadt hinunter) gefahren werden wollen. Jeweils zwei Fahrer führen den Schlitten aus Korb mit Holzkufen, in dem man dank der Polsterung recht bequem sitzt. An Seilen halten sie das Gefährt an steileren Stellen fest, während es an flacheren Abschnitten geschoben wird.

Nur wenige Schritte unterhalb der Korbschlittenstation, die Straße steil bergab, lockt ein bezaubernder tropischer Garten, die **Jardins do Monte Palace** (Öffnungszeiten: Mo–Sa 9 bis 18 Uhr; s. S. 10). Einst gehörte der Park, der für Gartenlieber einige botanische Highlights bereit hält, zum Hotel »Monte Palace«. Die Herberge zählte in der ersten Hälfte des 20. Jhs. zu den besten Häusern von Funchal. Ihre wohlhabenden Gäste ließen sich früher mit Booten über den schön angelegten Schwanenteich rudern, der von der winzigen Nachbildung einer Festung bewacht wird.

Steigt man das kleine Tal hinauf, wo ein Bach, zu Tümpeln gestaut oder in Grotten plätschernd, den Teich speist, so gelangt man in den Orientalischen Garten. Wer sich fragt, wie ein ein orientalischer Garten nach Madeira kommt, erhält die Antwort an der bunten Fliesenwand, wo die Geschichte der portugiesischen Beziehungen zu Japan vom 16. Jh. bis in aktuelle Zeiten wiedergegeben ist.

Einen schönen Blick über die Stadt bietet ein Terrassencafé im hinteren Teil des Gartens, der einheimischen Pflanzen gewidmet ist.

Busverbindungen: Stadtbuslinien 20, 21, etwa jede halbe Stunde.

Blick vom Aussichtspunkt Eira do Serrado auf Curral das Freiras

Seite 80

*Curral das Freiras

Die Straße windet sich zunächst zum **Pico de Barcelos** hinauf, einem Aussichtspunkt am Westrand von Funchal. Andenkenverkäufer, die handgestrickte Pullover und anderes zum Kauf anbieten, säumen den Weg hinauf zur Aussichtsterrasse. Weit schweift der Blick über die Stadt. Eine Straße führt durch Eukalyptuswald steil aufwärts entlang des Curral-Tals. Viehzüchter treiben ihre Ziegen hier in den Wald. Immer wieder werden Feuer gelegt, da gerade die frischen Baumtriebe für die Tiere ein Leckerbissen sind (s. S. 84). Ein Straßenschild weist nach **Eira do Serrado.** Der kurze Abstecher führt zu einem Parkplatz mit großem Andenken-Warenhaus und Café. Von hier aus sind es auf einem Fußweg nur wenige Minuten zum Miradouro. Der Blick über das Curral-Tal und den Ort Curral das Freiras tief unten im Tal ist nichts für ängstliche Gemüter, denn der Aussichtspunkt, der zwar durch ein Geländer gesichert ist, schwebt wie ein Vogelnest fast 800 m senkrecht über dem Tal.

Der »Stall der Nonnen«

Curral das Freiras heißt wörtlich übersetzt »Stall der Nonnen«. Diesen seltsamen Namen verdankt der Ort der Tatsache, dass sich das ganze Tal einst im Besitz des Klosters Santa Clara in Funchal befand. Als französische Piraten 1566 Funchal überfielen, plünderten und brandschatzten, brachten sich die Nonnen des Klosters nach Curral das Freiras in Sicherheit. In dem abgelegenen, nur über halsbrecherische Bergpfade erreichbaren Tal hielten sie sich versteckt, bis die Freibeuter nach zwei Wochen wieder in See stachen.

Tipp Wanderer können auf einem alten Pflasterweg nach Curral das Freiras laufen (ca. 1 Std.). Vom Parkplatz aus geht es in nördlicher Richtung durch einen Kastanienhain abwärts.

Eira do Serrado, Tel. 291 71 0060, Fax 291 71 0061, www.eiradoserrado.com. Alle Zi. mit tollem Blick, edles Restaurant. ❍❍

Autofahrer gelangen durch einen Tunnel in den Talkessel von Curral das Freiras. Im Ortszentrum gibt es Restaurants, ein paar Kneipen und Andenkengeschäfte; unterhalb steht die Kirche Nossa Senhora do Livramento aus dem 19. Jh. Die Bauern von Curral haben das ganze Tal mit winzigen Terrassenfeldern überzogen, auf denen Weinstöcke, Obst und Gemüse gedeihen. Im feuchten Talgrund wachsen Kopfweiden, an den Hängen Edelkastanien. Curral das Freiras ist für verschiedene Kastanienspezialitäten bekannt. So kann man hier z. B. Suppe oder Kuchen aus Kastanien probieren oder den berühmten Kastanienlikör testen.

Tipp Nach der Ernte am 1. November findet das viel besuchte **Kastanienfest** statt, wo all diese Köstlichkeiten an Straßenständen angeboten werden.

Busverbindungen: Funchal (Linie 81), tgl., Abfahrt von der Fortaleza de São Lourenço.

Nuns Valley, Tel. 291 71 2177. Vielerlei Spezialitäten aus Kastanien. ❍

Seite 61

*Machico

Die vergessene Hauptstadt

Machico ist mit seinen rund 20 000 Einwohnern die zweitgrößte Gemeinde Madeiras. Es war nach Inbesitznahme der Insel durch die Portugiesen zunächst gleichberechtigte Hauptstadt neben Funchal, von hier aus wurde bis 1497 die östliche Inselhälfte regiert. Heute steht es an Bedeutung weit hinter Funchal zurück und erfüllt eher die Funktion eines Provinzstädtchens. In den letzten Jahren spürt man aber einen Aufschwung. Einem Hotel und mehreren Pensionen folgten Restaurants, Cafés und Geschäfte, und allmählich kommt wieder Leben in die Stadt.

An der städtischen Bucht

Beginnen Sie den Stadtrundgang im Ortsteil Banda d'Além am **Cais ❶**, dem kleinen Schiffsanleger von Machico. An dieser Stelle soll João Gonçalves Zarco mit seinen Leuten an Land gegangen sein. Er gründete Machico als ersten Ort auf Madeira. Heute dümpeln einige Fischerboote im Schutz der kurzen Kaimauer. Von hier aus überblickt man die gesamte Bucht von Machico mit dem kiesigen Strand und dem einzigen größeren Gebäude des Ortes, dem Hotel »Dom Pedro«.

Oberhalb des Cais erhebt sich das **Forte São João Batista ❷**, das Anfang des 18. Jhs. zum Schutz gegen die gefürchteten Piraten errichtet wurde. Die Anlage ist nicht zur Besichtigung geöffnet.

Folgen Sie nun der Uferstraße in die Stadt hinein. Unterwegs kann man am Nachmittag die Fischer beobachten, wie sie ihre langen Angeln, die zwischen die Platanen am Wegrand gespannt werden, reparieren. Mit den bis zu 2000 m langen Schnüren fangen sie *espada* (Degenfisch; s. S. 30). Auf den flach über dem Boden angebrachten Holzgestellen trocknet man *gaiado,* eine kleine Tunfischart. Für ihren Fang benötigt man größere Boote, die nur in Machico und Caniçal verbreitet sind. Diese traditionellen Holzboote werden heute noch auf einer Werft am Strand von Banda d'Além gebaut. Sie soll allerdings demnächst einem Jachthafen weichen.

Largo dos Milagres

Zentraler Punkt des Ortes ist der Largo dos Milagres. Das Bild des von hohen Indischen Lorbeerbäumen beschatteten Platzes prägt u. a. die ***Capela dos Milagres ❸**. Die ursprüngliche »Kapelle der Wunder« soll die erste Kirchengründung auf Madeira gewesen sein. Man hat sie an der Stelle errichtet, wo ein Franziskanermönch am 2. Juli 1419 die erste Messe las. Um die Errichtung der Kirche rankt sich eine romantische Legende (s. S. 62).

Die heutige Kapelle stammt von 1810, der Vorgängerbau wurde 1803 von Hochwasser zerstört. Eine Tafel neben der Tür zeigt an, dass der Machico-Fluss 1956 wieder Hochwasser führte, jedoch blieb die Kapelle diesmal weitgehend von den Fluten verschont.

Der Altar birgt die berühmte Holzstatue des »Wundertätigen Christus« *(Senhor dos Milagres)* aus dem 16. Jh. Sie wurde 1803 ins Meer geschwemmt, dann aber wie durch ein Wunder zwei Tage später von einem amerikanischen Seemann gefunden, der von seinem in der Bucht von Machico ankernden Schiff an Land ruderte. Diese Begebenheit ist auf einem

Seite 61

In strategisch günstiger Lage wurde das Forte São João Batista erbaut

Ölgemälde links vom Altar abgebildet. Eine Fotoserie an der rechten Seitenwand dokumentiert die Restaurierung der Christusfigur, die vor einigen Jahren in Lissabon stattfand.

Tipp Das Wunder um die Christusfigur in der Capela dos Milagres wird in Machico alljährlich am 8. Oktober mit einem großen Fest begangen. Pilger aus allen Inselteilen kommen dann hierher, um für sich oder für Freunde und Verwandte Heilung zu erbitten. Während einer nächtlichen Prozession tragen sie die aus Wachs nachgeformten erkrankten Körperteile hinter der Statue des Wundertätigen Christus her.

Das älteste Gebäude

Über eine Brücke gelangt man vom alten Fischerviertel Banda d'Além ins eigentliche Zentrum von Machico. Wohl das älteste Gebäude der ganzen Stadt (um 1500) ist die **Igreja Nossa Senhora da Conceição ❹**. Das Seitenportal mit seinen drei Marmorsäulen ist eine Stiftung König Manuels I., das Hauptportal trägt sehr schöne gotische Verzierungen. Links sind fratzenhafte Gesichter zu erkennen, die das Böse darstellen sollen.

Das Innere der Kirche wurde in der Barockzeit völlig umgestaltet und mit blattgoldverzierten Altären und einer bemalten Decke im Kassettenstil versehen. Allerdings stammen die zwei Seitenkapellen zur Linken aus manuelinischer Zeit. Eine von ihnen trägt das blaue Wappen der Familie Vaz Teixeira, auf dem Phönix, der sich verjüngt aus der Asche erhebt, dargestellt ist. Unter dem Holzfußboden sollen sich die Gräber der Familienangehörigen befinden.

Auf dem Platz vor der Kirche erhebt sich ein Denkmal zu Ehren von Tristão Vaz Teixeira, einem Mitstreiter des Inselentdeckers Zarco, der mit ihm 1419 in der Bucht von Machico an Land ging. Nach der Aufteilung Madeiras in zwei Herrschaftsbereiche erhielt Vaz Teixeira die östliche Inselhälfte mit der Hauptstadt Machico. Hier regierten später auch sein Sohn und sein Enkel.

Tipp Eine Besonderheit Machicos sind die **Maios,** überlebensgroße Strohpuppen, die von alters her magische Bedeutung haben. Sie sol-

Seite 61

len zum Winterende das Böse vertreiben. Zu sehen sind die Maios am 1. Mai u. a. auf dem Platz gegenüber der Kirche.

Folgen Sie nun Richtung Meer der schmalen Gasse gegenüber der Kirche, die zwischen einem Bankgebäude und einem Schuhgeschäft abzweigt.

Amparo-Festung und Markt

Gegenüber der ehemaligen Markthalle steht das **Forte Nossa Senhora do Amparo ❺**. Eine Tafel über dem Eingang gibt das Jahr 1706 als Erbauungsdatum an, zu verdanken ist der Bau einem fortschrittlichen Inselgouverneur, der der Piraterie auf Madeira ein Ende machen wollte. Bemerkenswert an der Amparo-Festung ist die dreieckige Form, die es möglich machte, Kanonen nach zwei Seiten zum Meer hin auszurichten. Ein Wachposten auf dem nahen **Pico do Facho,** der sich östlich der Stadt erhebt (man erkennt ihn am Sendeturm auf dem Gipfel), gab Alarm, sobald sich Piraten am Horizont zeigten. Tatsächlich ließen sich diese in der Folgezeit abschrecken. Bis in die jüngste Vergangenheit war ein Militärposten im Gebäude stationiert. Inzwischen hat dort eine Informationsstelle des Fremdenverkehrsamts ihren Sitz (s. S. 65).

In der benachbarten ehemaligen Markthalle lädt das nette **Café Mercado Velho** zu einer Pause ein.

In der Lota (Börse) wurde früher unmittelbar am Meer der fangfrische Fisch gehandelt. Da die Fischer von

❶ Cais
❷ Forte São João Batista
❸ Capela dos Milagres
❹ Igreja N. S. da Conçeição
❺ Forte N. S. do Amparo
❻ Mercado (Markt)
❼ Capela de São Roque
❽ Casa das Bordadeiras

Seite 61

Die ehemalige Inselhauptstadt versprüht heute kleinstädtischen Charme

Machico ihren Fang inzwischen meist im Hafen von Funchal anlanden, beherbergen die drei offenen Hallen der ehemaligen Lota heute den neuen **Mercado ❻** (Markt), den sich die Bewohner lange gewünscht haben.

Südliche Uferpromenade

Wenden Sie sich nun auf der Uferpromenade nach Süden, wo das Hotel »Dom Pedro« aufragt.

Falls Sie eine Pause brauchen: Vor dem Hotel bietet ein Terrassencafé den Blick aufs Meer.

Die kleine **Capela de São Roque ❼** am südlichen Ende der Flaniermeile birgt wertvolle Fliesenbilder aus der Barockzeit, die Szenen aus dem Leben des Pestheiligen Rochus darstellen. Leider ist sie fast immer verschlossen. Die Einheimischen suchen gerne die Rochusquelle auf, die unterhalb der Kapelle direkt aus den Küstenfelsen sprudelt. Da dem Wasser der Quelle Heilkräfte verschiedenster Art nachgesagt werden, füllen sich madeirensische Familien gerne etwas davon in mitgebrachte Behälter ab, um es mit nach Hause zu nehmen.

Casa das Bordadeiras ❽

Folgt man vom Hotel »Dom Pedro« der Hauptstraße Richtung Portela und Caniçal, so trifft man nach etwa 500 m auf der linken Seite auf die Casa das Bordadeiras, wo Handstickereien angeboten werden. Wenn auch das Gebäude wenig einladend aussieht, so

Tragische Liebe

Die Gründung von Machico geht auf eine Geschichte zurück, die sich dort, Jahrzehnte bevor die Portugiesen nach Madeira kamen, zugetragen haben soll. Sie nahm im 14. Jh. ihren Anfang in England, das zu jener Zeit von Edward III. regiert wurde. Ein junger Schotte bürgerlicher Herkunft, Robert Machim (der Name wird noch heute mit dem Ort Machico in Verbindung gebracht), verliebte sich in London in die adelige Anne Dorset. Als die Eltern des Mädchens davon erfuhren, arrangierten sie rasch eine standesgemäße Verbindung ihrer Tochter mit einem Edelmann vom Hofe. Doch die Liebenden, die sich einander versprochen hatten, ga-

Seite 61

lohnt sich doch ein Blick hinein, denn die hochwertige Ware stammt garantiert von Stickerinnen aus Machico und Umgebung.

Eine schmale Stiege führt in den ersten Stock. In drei winzigen Räumen werden die in Heimarbeit gefertigten **Stickarbeiten** versäubert, gelagert und verkauft.

Agua de Pena

Ein steiler gepflasterter Fußweg mit vielen Serpentinen führt vom Westrand des Stadtzentrums in ca. 15 Minuten hinauf zum **Miradouro Francisco Alvarez de Nóbrega,** von dem man eine schöne Aussicht über Machico genießt. Die Stelle ist nach einem einheimischen Dichter benannt, der in ganz Portugal Berühmtheit erlangte. Francisco Alvarez de Nóbrega (1773 bis 1807) wurde wegen seiner satirischen antiklerikalen Verse von der Inquisition gnadenlos verfolgt und starb im Gefängnis.

Agua de Pena besteht aus einer Bungalowsiedlung und einem alten Ortskern. Letzterer liegt unmittelbar oberhalb des **Flughafens,** welcher eine Sehenswürdigkeit für sich darstellt. Im Jahr 2000 wurde mit großem Aufwand die auf ca. 2800 m verlängerte Landebahn eingeweiht. Jetzt können moderne Großraumflugzeuge auf Madeira landen. Auf Betonstelzen führt die Betonpiste entlang der Felsküste Richtung Machico – die anspruchsvollste Ingenieurarbeit, die je in Portugal verwirklicht wurde. Die Küstenstraße führt unterhalb der gigantischen Säulenhalle hindurch. Ob sich die Hoffnungen der Regierung auf eine Ankurbelung des Tourismus erfüllen werden, ist allerdings nach wie vor fraglich.

ben nicht auf. Zusammen mit einigen abenteuerlustigen Freunden entführte Robert seine Anne vor deren geplanter Hochzeit aus dem Schloss des Bräutigams. Sie gingen auf ein Schiff, um nach Frankreich zu fliehen. Doch das kleine Segelboot geriet in einen Sturm und wurde vom Kurs abgetrieben. Als das Unwetter vorbei war, tauchte eine grüne Insel am Horizont auf. In der Bucht, an der später Machico gegründet wurde, ging man vor Anker. Doch zu einem Happyend sollte es nicht kommen. Anne fiel in eine tiefe Melancholie und starb wenig später. Robert konnte den Tod seiner Geliebten nicht verwinden und folgte ihr bald ins Grab. Die Gefährten beerdigten beide nebeneinander und errichteten ein Kreuz mit einer Inschrift, in der sie Neuankömmlinge in dieser Bucht baten, ein Gotteshaus zu errichten. Dann begaben sie sich wieder auf ihr Schiff, und eine Meeresströmung trug sie hinüber nach Nordafrika, wo sie in die Gefangenschaft der Mauren gerieten. Einem portugiesischen Seemann, der wie sie dort als Sklave gehalten wurde, erzählten sie ihre Geschichte, und dieser trug die Legende Jahrzehnte später nach Portugal. So soll João Gonçalves Zarco von Madeira erfahren haben, und es heißt, er habe bei seiner Landung in der Bucht von Machico in der Tat das Kreuz vorgefunden und eine erste Kapelle erbauen lassen.

Infos

Forte N. Senhora do Amparo, Tel. 291 96 2289; Öffnungszeiten: Mo–Fr 9–12.30, 15–16 Uhr, Sa 9.30–12 Uhr.

Busverbindungen: Funchal (Linien 20, 23, 53, 78, 113, 156), etwa stündl.

Dom Pedro Baia, Vila de Machico, Tel. 291 96 9500, Fax 291 96 9510, www.dompedro.com. Schöner Blick über die Bucht. ○○
▮ **Amparo,** Rua da Amargura, Tel. 291 96 8120, Fax 291 96 6055. Zentral, in Stadtnähe. ○○
▮ **Do Facho,** Praçete do 25 Abril, Tel. 291 96 2786. Fax 291 96 6552. Einfache Pension mit Restaurant. ○
▮ **Machico,** Praçete do 25 Abril, Tel. 291 96 6511, Fax 291 96 5575. Einfache Pension. ○
▮ **Prisma,** Sítio da Demposta, Agua de Pena, Tel. 291 52 4185, Fax 291 52 4583. Familiär, Meerblick, mit Restaurant. ○

Gonçálves, Rua do Ribeirinho 1, Tel. 291 96 6606. Gepflegtes Lokal, wechselnder Mittagstisch. ○○
▮ **Praia de Machico,** Praia, Tel. 291 96 3025. Schlichtes Strandlokal; gute Fischgerichte. ○○
▮ **La Bonne Bouffe,** Rua do Mercado 8–9. Pizza vom Holzfeuer. ○

Diskothek **La Barca,** Praçete do 25 Abril. Größte Disko Madeiras. Holländische Kneipenatmosphäre schnuppert man im **Pub Double Dutch,** Travessa do Mercado 2. **Fado** hört man Do im **Cacto,** Sítio da Igreja, Agua de Pena.

Der Bau großer Fischerboote ist in Machico ein altes Handwerk

Tour 1

Der blütenreiche Osten

****Funchal → *Blandy's Garden → *Camacha → Porto da Cruz → *Machico → **Funchal (98 km)**

Nicht zu Unrecht wird Madeira die Insel des ewigen Frühlings genannt – auf dieser Tour erhält man die eindrucksvolle Bestätigung. Die üppige Flora präsentiert sich nicht nur in Blandy's Garden, auch am Straßenrand sind Hortensien und blauer Agapanthus in großer Zahl Weggefährten bei der Tour.

Den Weg von der Weidenrute bis zum fertigen Sessel kann man bei den Korbflechtern von Camacha verfolgen. Dort findet man auch die beste Einkaufsmöglichkeit für Korberzeugnisse. Porto da Cruz an der Nordküste, ein Zentrum des Weinbaus, hält eine weitere Besonderheit bereit: Zur Zeit der Weinlese sind hier noch Schläuche aus Ziegenleder für den Transport des frischen Rebensaftes in Gebrauch. Mit bizarren Felsen wartet die wüstenhafte Ostspitze Madeiras auf, von dem trockenen und sonnigen Klima profitieren auch die Orte an der Südostküste wie Machico oder Caniço de Baixo, die sich inzwischen zu kleinen Touristenzentren entwickelt haben.

Diese Tour ist per Leihwagen oder Taxi leicht an einem Tag zu bewältigen. Möchte man den Linienbus benutzen, so sollte man eine Übernachtung in Santo da Serra, Porto da Cruz, Machico oder Caniçal einplanen.

1
Seite 69

1

Seite 69

Blandy's Garden

*Blandy's Garden ❶

Östlich von Funchal windet sich die Straße steil hinauf Richtung Camacha. Die schmale Zufahrt zu Blandy's Garden, 5 km, ist mit **Quinta do Palheiro Ferreiro** ausgeschildert. Eine von Kamelien gesäumte Allee führt vom Eingang bis zum Herrenhaus der Familie Blandy, das im oberen Teil des Parks Ende des 19. Jhs. im Kolonialstil errichtet wurde. Rechts geht es zum **Inferno,** einer grünen Hölle aus Baumfarnen und anderen Pflanzen. Äußerst gepflegt wirkt der eigentliche Garten, auf den die Blandys, die reichste Familie der Insel, von ihrem Haus hinabschauen können. Selbst Botanikern dürfte es schwer fallen, die zahllosen Pflanzen aus aller Herren Länder lückenlos zu bestimmen.

Immer wieder gibt es Überraschungen. Proteas, die südafrikanischen Nationalpflanzen, wurden von der aus Südafrika stammenden Mutter des jetzigen Besitzers hierher gebracht. Unterhalb des Herrenhauses wurde der **Versunkene Garten** im französischen Stil angelegt. Die symmetrisch angeordneten Hecken sind zu fantasievollen Gebilden geschnitten. In einem kleinen Teich in der Mitte des Parks blühen gelbe Seerosen. Lupinen und Milchsterne, Azaleen und Rhododendren gedeihen an den Ufern des Baches, der quer durch das Gelände fließt. Die kleine Barockkapelle stammt noch aus der Zeit, als Graf Carvalhal vor rund 200 Jahren den Garten als Jagdrevier anlegen ließ. Durch einen blütenüberspannten Laubengang geht es hinab in den **Garten der Dame,** dessen Hecken die Form von Truthähnen haben. In diesem ebenfalls im französischen Stil konzipierten Garten ist die Blütenpracht besonders üppig. Von hier aus blickt man auf den angrenzenden Golfplatz (Öffnungszeiten: Mo–Fr 9.30–12.30 Uhr).

Busverbindung: Funchal (Stadtbuslinie 36), stündlich.

Estalagem Casa Velha do Palheiro, Tel. 291 79 4901, Fax 291 79 4925, www.casa-velha.com. Altes Herrenhaus, heute ein stilvolles Landhaus-Hotel. ❍❍❍

Die Straße nach Camacha wird von Obstgärten gesäumt. Im Frühjahr blühen Apfelbäume neben Azaleen und Kamelien, im Sommer leuchten die blauen Blütenkugeln des Agapanthus am Straßenrand.

*Camacha ❷

Das Zentrum des Ortes Camacha (6500 Einw.), 10 km, liegt auf einem flachen Bergrücken. Über Eukalyptuswälder und Terrassenfelder blickt man von einem Aussichtspunkt weit aufs Meer. Der Uhrturm des **Estalagem Relógio** gleich neben dem Miradouro ist wohl dem Big Ben in London nachempfunden, denn die ersten Besitzer des Hauses waren im 19. Jh. reiche Engländer. Heute ist das Gebäude Sitz der größten Exportfirma für Korbwaren auf Madeira, welche vor allem in Camacha gefertigt werden.

1
Seite 69

Aus Weiden geflochtene Tierfiguren sind heute eine Rarität

In den Verkaufsräumen des Estalagem Relógio stapeln sich **Körbe** aller Art. Die Auswahl reicht von einfachen Körben über Hängeampeln für Blumen, Handtaschen, Zeitschriftenständer, Tabletts und Hüte bis hin zu Korbmöbelgarnituren.

Beinahe skurril wirkt die Sammlung von aus Korb geflochtenen Tieren, darunter Elefanten, Schweine, Löwen, Affen und Hirsche. Diese Figuren sind jedoch unverkäuflich. Im zweiten Untergeschoss befindet sich die Werkstatt, wo man den Korbflechtern bei ihrer mühseligen Arbeit über die Schulter schauen kann. Der größte Teil der Korbwaren wird aber in kleinen Familienbetrieben quasi in Heimarbeit gefertigt.

Ein wichtiges historisches Ereignis spielte sich 1875 auf dem Platz vor dem Estalagem Relógio ab, wie die Gedenktafel verbürgt: Hier fand das erste Fußballspiel auf portugiesischem Boden statt. Ein in Camacha ansässiger Engländer hatte einen Fußball aus seiner Heimat mitgebracht und zwei Mannschaften gegeneinander antreten lassen.

Gegenüber vom Estalagem Relógio, beim Taxistand, wird in der **Casa Etnográfica da Camacha** eine volkskundliche Ausstellung gezeigt (Öffnungszeiten: Di 14–17.30, Mi–Sa 10–12.30, 14 bis 17.30, So 9–12.30, 14–18 Uhr).

Die Weidenruten werden geschält und in Bündeln getrocknet

Busverbindungen: Funchal (Linien 29, 77), etwa jede Stunde.

Estalagem Relógio, Largo da Achada, Tel. 291 92 2777, Fax 291 92 2415. Gasthof mit komfortabel ausgestatteten Zimmern. ❍

O Relógio, Largo da Achada. Regionale Küche, Folkloreveranstaltungen. ❍❍

Santo da Serra ❸

Durch kleine Weiler mit Obst- und Gemüsegärten verläuft die Straße nun schier endlos und kurvenreich Richtung Santo da Serra, 21 km. Hier sollte man den Besuch der **Quinta do Santo da Serra** nicht versäumen. Der Eingang zu der riesigen Parkanlage liegt am Dorfplatz nach der Kirche. Ein von weißen Azaleen gesäumter Pflasterweg führt in das Gelände. Der Besuch lohnt vor allem im Frühjahr, wenn außer den Azaleen auch die Kamelien blühen. Im Sommer entfalten die Hortensien ihre ganze Blütenpracht. Ver-

1

Seite 69

steckt hinter flechtenbewachsenen Baumriesen liegt das rosa getünchte Herrenhaus, das früher der Familie Blandy gehörte. Heute befindet sich das Gelände in öffentlicher Hand. Im Sommer kommen die Einheimischen gerne am Wochenende zum Picknick hierher. Es gibt Spiel- und Sportplätze und sogar einen kleinen Zoo.

Folgt man dem Pflasterweg in den hinteren Teil des Gartens, so gelangt man zum **Miradouro dos Ingleses** mit weitem Ausblick über den Ostteil der Insel. Von hier aus ließ die Familie Blandy einst den Schiffsverkehr überwachen. Sobald ein Handelsschiff am Horizont gesichtet wurde, begab sich der Weinhändler Blandy so rasch wie möglich nach Funchal, um dort seine Geschäfte abzuwickeln.

Rohstoff Weide

In den Talgründen um Camacha stehen kleine Kopfweiden, die im März oder April geschnitten werden. Man kocht die Ruten zunächst in schweren Eisenbottichen. Der strenge Geruch des dabei entstehenden Dampfes durchzieht im Frühjahr die Dörfer. Im heißen Wasser löst sich die Rinde, die sich nun leicht abziehen lässt. Diese Arbeit wird heute meist mit Hilfe von Maschinen verrichtet. Anschließend sortiert man die Ruten nach Größe, bündelt und stellt sie zum Trocknen auf, bis ein Lkw der Korbwarenfabrik sie abholt und zu den Korbflechterwerkstätten in Camacha bringt. Wegen der niedrigen Preise lohnt der Anbau kaum noch, und so werden heute meist Weidenruten aus Chile importiert.

Tipp Santo da Serra besitzt einen **Golfplatz,** den ersten Madeiras. Man erreicht ihn, wenn man die Straße am Park vorbei weitergeht. Er verfügt über 27 Löcher. Auch Gäste können hier den Schläger in die Hand nehmen.

Von Santo da Serra aus bieten sich verschiedene Levada-Wanderungen an, z. B. nach Portela (s. u.) oder Ribeiro Frio entlang der Levada do Furado (s. S. 78).

Busverbindungen: Funchal (Linie 77), ca. 6-mal täglich; Machico (Linie 20), ca. 5-mal täglich.

Estalagem do Santo, Tel. 291 55 2611, Fax 291 55 2596. Familiäres Haus. ○○

A Nossa Aldeia, schmackhafte regionale Küche, rustikale Einrichtung. ○

Über den Portela-Pass nach Porto da Cruz

Am 620 m hohen **Portela-Pass,** 26 km, verläuft die Wetterscheide zwischen Süden und Norden der Insel. Oft wird es aber schon hinter Santo da Serra recht feucht. Im Winter ist diese Region unwirtlich, und man kann durchaus verstehen, dass die typische Wollmütze mit den Ohrenklappen, die *barrete de lã,* hier von den Männern noch gern getragen wird.

Wie es heißt, werden die Ohrenschützer tagsüber aufgerichtet. Abends aber, nach dem Genuss von ein paar Schnäpsen in der Kneipe, werden sie heruntergeklappt, damit die Männer zu Hause die lästigen Fragen ihrer Frauen nach dem Verbleib des Geldes nicht hören müssen.

Zu den wenigen Häusern am Portela-Pass zählen zwei viel besuchte Restaurants: **Miradouro da Portela** (Tel. 291 96 6169) und **Portela à vista** (Tel. 291 96 3189), die für ihre Fleischspieße *(espetada)* bekannt sind. Dazu wird ein kräftig nach Brombeeren schmeckender Rotwein serviert, der in Porto da Cruz gekeltert wird.

Edle Früchte wachsen in Porto da Cruz

Porto da Cruz ❹

32 km, ist vom Portela-Pass aus gut zu überblicken. Die Häuser stehen weit verstreut auf den schmalen Bergrücken, die sich bis zur Küste hinunterziehen. Der 590 m hohe **Penha de Aguia** (»Adlerfelsen«), das Wahrzeichen des Nordens, überragt den Ort. Der auch heute noch schwer zugängliche Berg wurde nach den Fischadlern benannt, die früher hier lebten.

Die Brandung an den zwei grobkiesigen Stränden von Porto da Cruz ist beeindruckend, Baden allerdings sehr gefährlich. Besser nimmt man in einem der beiden Strandcafés Platz und schaut dem Spiel der Wellen zu, während man einen Drink genießt. Auf der Landspitze zwischen beiden Stränden steht eine der wenigen verbliebenen Zuckermühlen Madeiras. Nach der Ernte des Zuckerrohrs von März bis Mai kann man zuschauen,

1

Seite 69

wie aus dem süßen Gras ein heller, hochprozentiger Schnaps *(aguardente de cana)* destilliert wird. Ein Teil davon wird zu einem ausgezeichneten Rum verarbeitet.

Nebenan kann man in einer Probierstube beide Spirituosen testen und auch kaufen.

Busverbindungen: Funchal, Machico (Linien 53, 78), ca. 5-mal tägl.; Funchal über Faial (Linie 56), 1-mal tgl.

Albergaria Penedo, Casas Próximas, Tel. 291 56 3011, Fax 291 56 3012. Familiäres Haus am Meer; eigenes Restaurant. ❍

Penha d'Ave, Casas Próximas, Tel. 291 56 3210. Regionale Küche, tropische Obstdesserts. ❍❍

Der Weg zur Ostspitze

Durch den neuen Tunnel zwischen Porto da Cruz und Machico geht es jetzt zurück zur Südseite der Insel. Akazien, die sich im zeitigen Frühjahr in ein zartgelbes Blütenkleid hüllen, säumen die Straße. Von den Einheimischen werden sie *Mimosa* genannt, und in der Tat gehören die Gewächse mit den fiedrigen Blättern zur botanischen Unterfamilie der Mimosen. Am Ende des schönen Tals an der Küste

Die letzten Borracheiros

Ein aussterbender Beruf auf Madeira ist der des Trägers. Früher waren Kolonnen von 20 bis 30 Männern, die von Milchkannen über Hühner bis hin zu Feldfrüchten verschiedenster Art alles auf dem Rücken trugen, was von Ort zu Ort transportiert werden sollte, ein gewohntes Bild. An diese Zeiten erinnern in Funchal die Fliesenbilder an der Handelskammer und die Pflastersteinabbildungen in der Rua João Tavira. Ein Netz von gut ausgebauten, an steilen Stellen gar mit Treppenstufen versehenen Pflasterwegen überzog die Insel. Maultiere als Transportmittel waren auf Madeira stets unbekannt, wohl weil das Futter für die Tiere knapp und teuer war. Noch vor wenigen Jahren hatten große Teile der zersiedelten Kulturlandschaft keinen Anschluss an die Außenwelt. Inzwischen gibt es überallhin Straßen, sodass die Träger ein seltener Anblick geworden sind. Nicht aber in Porto da Cruz: Hier sind bei der Weinlese im September noch die *Borracheiros* im Einsatz, jene Männer, die die *Borrachos* tragen. Dies sind Schläuche aus Ziegenhaut, in denen man den frisch gepressten Wein aufbewahrt. In der Nähe des Weinbergs wird der edle Rebensaft mit altertümlichen Holzpressen gewonnen oder das Lesegut gar mit den Füßen gestampft. Für den Transport zum oft weit entfernten Fass füllt man den Wein in eine umgekrempelte Ziegenhaut, deren Enden mit Kordeln zugebunden werden. Ein tolles Spektakel ist es, wenn die Borracheiros mit den Schläuchen auf dem Rücken in den Ort einziehen. *Borracho* heißt übrigens auf Portugiesisch auch »betrunken«, und nüchtern dürfte bei dieser heute eher als Spaß empfundenen Arbeit wohl keiner der Männer bleiben.

1

Seite 69

Walfang – heute verboten

liegt Machico, 43 km, die zweitgrößte Stadt Madeiras (s. S. 59).

Tipp Vor dem Tunnel, der das Machico-Tal mit der Halbinsel São Lourenço verbindet, lohnt nach rechts ein Abstecher zum **Pico do Facho ❺**. Von der Aussichtsterrasse knapp unterhalb der 329 m hohen Kuppe kann man nicht nur Machico überblicken, sondern auch die Nachbarinsel Porto Santo sehen.

Nach dem Tunnel fühlt man sich in eine andere Welt versetzt: Die Landschaft erscheint wie ausgetrocknet, es gibt keine Felder mehr, Palmen säumen die Straße. Bevor in den 50er Jahren der Tunnel gebaut und mit ihm eine Levada nach Caniçal geführt wurde, war Ackerbau in dieser Region überhaupt nicht möglich.

Caniçal ❻

Der Ort (52 km) verfügt noch heute über eine große Fangflotte, die aus kleineren offenen Booten und aus hochseetauglichen Tunfischkuttern besteht. Sie ankern in der Bucht vor dem Ort oder werden auf den steinigen Strand hinaufgezogen.

In Hafennähe befindet sich das **Walmuseum** (Museu da Baleia; Öffnungszeiten: Di–So 10–12, 13–18 Uhr). Prunkstück der Sammlung ist das naturgetreue Modell eines riesigen Pottwals. Die Gegenüberstellung dieser Nachbildung mit einem geradezu filigran wirkenden hölzernen Fangboot macht dem Besucher die Gefahren des Walfangs deutlich. Eine Fototafel erinnert an die Männer, die mit den winzigen Booten den Giganten des Meeres nachruderten, um sie mit Lanze und Harpune zu erlegen.

Fischfangflotte von Caniçal

Seit 1982 ist der Walfang auf Madeira verboten, sind der Pottwal und andere Meeressäugetiere in den Gewässern rund um die Insel streng geschützt. Gerardo, der Kassenwart, zeigt gern einen Film in deutscher Sprache, der die Gräuel des Walfangs von früher, aber auch die Probleme mit dem Naturschutz von heute vor Augen führt.

Ein Andenkenstand am Hafen sowie der Laden **Moby Dick** in der Nähe der Freihandelszone (ausgeschildert) bieten holzgeschnitzte Modelle von Walfangbooten und Schnitzereien aus Walknochen zum Kauf an. Letztere sind inzwischen rar, zum Schnitzen werden heute überwiegend Rinderknochen verwendet.

In einem der kleinen Cafés rund um den Hafen kann man meist auch dann die Sonne genießen, wenn der Rest der Insel sich in Wolken hüllt.

1
Seite 69

Madeiras imposante Ostspitze: Ponta de São Lourenço

Busverbindung: Funchal, Machico (Linie 113), mehr als 10-mal täglich.

Residencial Prainha Sol, Palmeira Cima, Tel. 291 96 2438, Fax 291 96 1656. Schlichte Unterkunft; an der Hauptstraße gelegen. ❍

Östlich von Caniçal wurde eine große Freihandelszone *(Zona Franca)* angelegt. Im neuen Hafen hat eine Werft den Betrieb aufgenommen.

**Ponta de São Lourenço ❼

Von Caniçal führt die Straße weiter hinaus auf die Ostspitze Madeiras. Die Ponta de São Lourenço, 57 km, endet an der Abra-Bucht, in der die Käfige einer Fischzuchtanlage ausgelegt wurden. Von der **Baia de Abra** kann man zu Fuß auf einem schmalen Pfad bis zur Spitze der Halbinsel weiterlaufen (hin und zurück ca. 3 Std.). Trittsicherheit und gutes Schuhwerk sind unbedingt erforderlich. Der Leuchtturm, den man schon von der Abra-Bucht sieht, ist zu Fuß nicht erreichbar, denn er steht auf einer vorgelagerten Insel.

Einst war die ganze Ponta de São Lourenço bewaldet, doch hat man schon frühzeitig mit der Abholzung begonnen. Seit einigen Jahren steht das Gebiet unter Naturschutz, und man hofft, dass sich die ursprüngliche Vegetation allmählich regeneriert. Im Frühjahr ist die kahle Halbinsel kaum wieder zu erkennen, denn zu dieser Jahreszeit wird sie von einem Meer von Blüten bedeckt.

Auf der Rückfahrt bietet sich ein Abstecher zur **Prainha** an, einem sandigen bis feinkiesigen Strand. An Sommerwochenenden kommen die Einheimischen gerne hierher zum Baden und Picknicken. Die Prainha grenzt an einen kleinen Vulkankegel, auf dessen Spitze sich die hübsche **Capela da Senhora da Piedade** erhebt. Sie ist alljährlich am dritten Wochenende im September Ziel einer Bootsprozession, bei der ein Bild »Unserer Lieben Frau der Frömmigkeit« feierlich in die Kapelle gebracht wird.

Santa Cruz ❽

Über Machico geht es an der Südküste entlang Richtung Funchal. Unterhalb von Agua de Pena führt die Straße unter der auf Stelzen stehenden neuen Landebahn des Flughafens hindurch (s. S. 62).

Santa Cruz (10 000 Einw.), 78 km, zählt zwar nicht zu den touristischen Hauptanziehungspunkten, bietet aber durchaus Sehenswertes. Am grobkiesigen Strand wurde eine von Palmen gesäumte, mit fantasievollen Mosaiken gepflasterte Promenade geschaffen. Im Sommer finden sich zahlreiche Sonnenhungrige ein. Ein postmodernes Café sorgt für das leibliche Wohl. Ins Wasser springen kann man in der modernen Badeanlage **Praia das Palmeiras** mit einem Pool, über den ein skurril anmutender Pottwal wacht.

Die **Markthalle** ist bekannt für ihr Angebot an frischem Fisch. Auffallend

1

Seite 69

Der palmengesäumte Kiesstrand von Santa Cruz

ist der aus großen Fliesen gestaltete Fries am Eingang, den der portugiesische Künstler Outeiro Agueda schuf. Er zeigt Fischer und Fischhändler, Ackerbauern und Frauen bei der Aussaat (Öffnungszeiten: Mo–Sa 7 bis 16 Uhr, So 7–12 Uhr).

Das Rathaus sowie die Pfarrkirche São Salvador zieren Steinmetzarbeiten aus manuelinischer Zeit. Der herrliche Park nebenan mit seinen zwei Brunnen wird von hohen Bäumen beschattet. Am Ortsausgang Richtung Flughafen ist die **Casa da Cultura** in einer historischen Quinta untergebracht. Hier finden regelmäßig Ausstellungen statt. Vom Garten, in dem sich einige beachtliche Drachenbäume erheben, blickt man weit über das Meer.

Busverbindungen: Funchal, Machico (Linien 20, 23, 25, 53, 78, 113, 156), stündlich.

Santo António, Rua Cónego, Tel. 291 52 4198, Fax 291 52 4264. Pension im Zentrum; als erste Anlaufstation für Individualreisende geeignet. ❍

Caniço ❾ und Umgebung

Das Zentrum von Caniço (8000 Einw.), 89 km, gruppiert sich rund um die Pfarrkirche aus dem 18. Jh., die dem Heiligen Geist und dem hl. Antonius von Padua geweiht ist, wie man einer Tafel über dem Portal entnehmen kann. Auf dem Kirchplatz treffen sich die Einheimischen, und obwohl in den Ortsteilen Caniço de Baixo und Garajau viel Tourismus herrscht, geht das Leben in Caniço noch einen recht geruhsamen Gang.

Quinta Spléndida, Estrada da Ponta Oliveira, Tel. 291 93 0400, Fax 291 93 0401, http://quintasplendida.com. Idyllische Ferienanlage mit wunderschönem Blick über das Meer. Studios und Appartements gruppieren sich inmitten eines gepflegten Parks um ein altes Herrenhaus. ❍❍❍

▮ **Lareira,** Estrada da Ponta Oliveira, Tel. 291 93 4284. In zentraler Lage. ❍

Busverbindungen: Funchal (Linie 2), ca. jede Stunde. Weitere Buslinien nach Funchal und Machico auf der Hauptstraße oberhalb des Zentrums.

La Terraça, Rua João Paulo II, Tel. 291 93 3898. Fischgerichte; Terrasse mit Meerblick. ◯◯

Central, Rua João Paulo II 14, Tel. 291 93 4344. Vielseitige Speisekarte; an manchen Tagen Livemusik. ◯◯

Caniço de Baixo, 92 km, verfügt über eine ganze Reihe weiterer Hotels, Ferienhäuser und Bungalowanlagen für meist deutsche Touristen. Zu den Hotels **Rocamar** und **Galomar** gehören Felsbadeanlagen, die auch öffentlich zugänglich sind. Tauchen und Schnorcheln machen hier besonderen Spaß, da sich in der Unterwasserschutzzone viele seltene Fischarten angesiedelt haben. Im Osten grenzt der kleine steinige Strand von Reis Magos mit einem Ensemble alter Fischerkaten an, die heute unter Denkmalschutz stehen.

Posto de Turismo, Rua Baden Powell (neben Hotel Galomar). Öffnungszeiten: Mo–Fr 9.30–13, 14.30–17.30, Sa 9.30–12 Uhr.

Busverbindung: Funchal (Linie 155), ca. 6- bis 12-mal täglich.

Oasis Atlántic, Tel. 291 93 0100, Fax 291 93 0109. Am Strand von Reis Magos. ◯◯◯

Riu Palace Madeira, Praia dos Reis Magos, Tel. 291 93 93 00, Fax 291 93 93 93, www.riu.com. Komfortabel, fantasievolle Architektur. ◯◯◯

Galomar, Tel. 291 93 0930, Fax 291 93 4555, www.galomar.com. Bewährte Qualität; Gartenterrasse, Felsbadeanlage, Tauchschule. ◯◯

Rocamar, Tel. 291 93 4334, Fax 291 93 4044. Direkt am Meer mit eigener Felsbadeanlage. ◯◯

Bizarr ragen die Felsen an der Ponta de São Lourenço auf

Cervejaria Alemã, Tel. 291 93 0350. Blütenberankte Gartenterrasse. ◯◯

Café Rústico, Tel. 291 93 4316. Deutsch-portugiesische Küche. ◯◯

Calhau, Praia dos Reis Magos, Tel. 291 93 4345. Typisches Strandlokal, fangfrischer Fisch. ◯◯

Rückweg nach Funchal

Man kann auf der Autobahn nach Funchal zurückkehren oder einen Abstecher über **Garajau** ⑩ machen, wo sich auf einer vorgelagerten Landspitze eine riesige Christusfigur erhebt. Vom dortigen Aussichtspunkt blickt man Richtung Westen bis in die Bucht von Funchal, in östlicher Richtung zur *Ponta da Oliveira,* der »Olivenbaumspitze«, an der früher wilde Ölbäume wuchsen. Jetzt stehen hier die Hotels von Caniço de Baixo.

Pirata Tours, gegenüber Hotel Dom Pedro Garajau, Tel. 291 93 2544.

Busverbindung: Funchal (Linien 136, 155), ca. 3- bis 11-mal täglich.

Dom Pedro Garajau, Quinta de Garajau, Tel. 291 93 2421, Fax 291 93 2454, www.dompedro.com. Aparthotel über der Steilküste. ◯◯

Wählt man die obere Straße, ohne bei São Gonçalo auf die Autobahn zu fahren, passiert man den **Núcleo de Dragoeiros das Neves,** einen Park, der um eine Drachenbaumkolonie angelegt wurde. Weiter gelangt man zur Abzweigung zum Golfplatz **Palheiro Golf** auf einer Anhöhe nahe Blandy's Garden (S. 66). Auch Nichtgolfer können auf der Klubhausterrasse einen Drink mit Blick auf Funchal nehmen.

1
Seite 69

Tour 2

Rund um die höchsten Gipfel

2

Seite 80

****Funchal → **Pico do Arieiro → *Santana → **São Vicente → Porto Moniz → **Funchal (206 km)**

Die Fahrt von Funchal zum 1818 m hohen Pico do Arieiro bildet den eindrucksvollen Auftakt dieser Tour in die zerklüftete Bergwelt Madeiras. Die Aussicht vom dritthöchsten Gipfel der Insel wird man so schnell nicht vergessen – gutes Wetter vorausgesetzt. Durch dichte Lorbeerwälder geht es hinunter zur fruchtbaren Nordküste. In Santana mit seinen strohgedeckten Häusern oder im malerischen Ort São Vicente würde man am liebsten etwas länger verweilen, wenn nicht der abenteuerliche Abschnitt der Küstenstraße nach Porto Moniz locken würde. Die Badesachen sollte man im Sommer auf jeden Fall einpacken, denn das Meerwasserschwimmbecken von Porto Moniz ist einmalig. Schließlich geht es noch einmal ins Gebirge zum Encumeada-Pass und über den lebhaften Fischerort Câmara de Lobos zurück nach Funchal.

Mit Leihwagen oder Taxi kann die Fahrt an einem Tag durchgeführt werden, nach Möglichkeit sollte man aber eine Zwischenübernachtung in Santana, São Vicente oder Porto Moniz einplanen, um mehr als einen ersten Eindruck zu gewinnen. Der neue Encumeada-Tunnel verkürzt die Fahrzeit um etwa 15 Min. Weitere 15 Min. spart man, wenn man die Autobahn vom Cabo Girão nach Funchal benutzt.

Madeiras zerklüftete Bergwelt

Aufstieg nach Terreiro da Luta

Verlässt man Funchal über Monte in Richtung Gebirge, wird die Besiedlung bald von einen dichten Akazienwald abgelöst, der im Frühjahr, im März oder April, mit seiner gelben Blütenpracht besticht. Während in Funchal die Sonne scheint, trifft man hier oft auf dichten Nebel.

Terreiro da Luta ⑪, 7 km, liegt oberhalb von Monte einsam inmitten des Waldes. An der Straßenabzweigung steht noch die ehemalige Bergstation der Zahnradbahn, die ab 1912 über Monte nach Terreiro da Luta verkehrte, in den 40er Jahren aber stillgelegt wurde.

Ein paar hundert Meter weiter erhebt sich das **Denkmal der Jungfrau vom Frieden.** Die aus hellem Marmor gefertigte Madonnenfigur thront auf einem dunklen Podest, das aus unzähligen kleinen Basaltsteinen zusammengesetzt wurde. Der Fuß des Denkmals ist von einer Ankerkette umgeben, auf der dickes Basaltgeröll gleich einem riesigen Rosenkranz aufgefädelt wurde. Nebenan steht eine winzige Kapelle mit dem viel sagenden Wort *Pax* an der Fassade, das an die Entstehung der Madonna erinnert.

Während des Ersten Weltkriegs beschlagnahmte Portugal auf Veranlassung Großbritanniens alle deutschen Besitztümer. Deutschland erklärte daraufhin 1916 Portugal den Krieg, in den Madiera aber nur insofern hineingezogen wurde, als ein deutsches U-Boot im Hafen von Funchal ein französisches Kriegsschiff versenkte. Darüber geriet die Bevölkerung in Angst und Schrecken und zog in einer großen Bittprozession nach Monte. Der Pfarrer legte während der Messe das Gelübde ab, nach Kriegsende in Terreiro da Luta ein Denkmal für die Madonna zu errichten. Aus Spenden finanziert, konnte das Werk 1927 vollendet werden. Die rostige Ankerkette stammt von dem versenkten Kriegsschiff.

Busverbindungen: Funchal (Linien 56, 103, 138), ca. 7-mal täglich.

Weiter oben in den Bergen wird die Straße von Zypressen gesäumt, die majestätisch die Fahrbahn überspannen. Beim Forsthaus Ribeira das Cales befindet sich der Eingang zum **Parque Ecológico do Funchal** ⑫ (Ökologischer Park von Funchal). Um das Gebäude herum wurde ein kleiner Garten mit einheimischen Pflanzen angelegt. Man kann einen 600 m weiten Abstecher zum Aussichtsberg Pico Alto machen (1129 m; ausgeschildert) oder aber rechts vom Forsthaus auf einer schmalen Straße zur Ebene Chão da Lagoa fahren (ca. 6 km; Straße 9 bis 18 Uhr geöffnet), unterwegs wechselnde Panoramen genießen und vielleicht eine Rast auf einem der zahlreichen kleinen Picknickplätze einlegen.

Berge der Inselmitte

Die Straße zum **Pico do Arieiro ⑬, 20 km, zweigt am Poiso-Pass ab. Sie windet sich rasch zum dritthöchsten Gipfel Madeiras hinauf. Die Landschaft ändert sich schlagartig. Hier oben ist es kahl, lediglich Farne und Beerensträucher bedecken die Hänge. Ab und zu springen Schafe mit langem, zotteligem Fell über die Straße.

Schon von weitem ist das große weiße Gebäude des Gipfelhotels auszumachen, der **Pousada do Pico do Arieiro.** Sie gilt als hervorragender Ausgangspunkt für Bergwanderungen (Tel. 291 23 0110, Fax 291 95 2540; Res. Tel. 291 76 5658).

Kurz unterhalb des Gipfels gabelt sich die Straße. Biegt man nach rechts ab, zeigt nach kurzer Zeit ein Wegweiser zum **Miradouro do Juncal,** zu dem ein gut ausgebauter Pflasterweg führt: etwa 400 m zu Fuß, die sich lohnen. Man blickt von dort weit in die Täler von Ribeiro Frio und Fajã da Nogueira, die sich dicht bewaldet zur Nordküste hinunterziehen.

Wendet man sich an der Straßengabelung hingegen links, so kommt man zu einem Parkplatz, an dem sich eine Bar und ein großer Andenkenladen befinden. Von hier aus sind es nur noch ein paar Schritte bis zum Gipfel des Pico do Arieiro, wo man eine tolle Rundumsicht genießen kann. Ein gut ausgebauter, allerdings auch recht anstrengender Fußweg, verläuft über den zentralen Bergkamm bis zum **Pico Ruivo ⑭. Wenn die Wolken aufreißen, bieten sich auf der Tour die herrlichsten Panoramen der zerklüfteten Bergwelt. An einigen Stellen muss man schwindelfrei sein, und festes Schuhwerk ist ohnehin ein Muss. Die kürzere Variante (zwei Tunnels sind zu

2
Seite 80

2

Seite 80

Blick vom Dach Madeiras – der Weg zum Miradouro do Juncal

passieren, Taschenlampe nicht vergessen!) dauert ca. 2,5 Std. Benutzt man stattdessen den anspruchsvolleren »Treppenweg« (an der einzigen Gabelung unterwegs rechts abzweigen), so sollte man 3,5 Std. Gehzeit einplanen.

Tipp In der Gipfelbar sollte man einen *poncha* probieren. Dieses feurige Getränk aus Zuckerrohrschnaps, Honig und Zitronensaft hilft einem auch bei schlechtestem Wetter wieder auf die Beine.

Abstieg zur Nordseite

Vom Poiso-Pass geht es nun hinab auf die Nordseite Madeiras, die einen ganz anderen Charakter hat als der Süden. Die Hänge sind dicht mit dem ursprünglichen Lorbeerwald bewachsen, der sich scheinbar endlos ausbreitet.

Bei **Ribeiro Frio** ⓯, 33 km, bietet sich die seltene Gelegenheit, diesen Waldtypus zu erkunden. Auf einem kleinen Lehrpfad sind die wichtigsten Pflanzen des Lorbeerwaldes beschildert. Gegenüber befindet sich die staatliche Forellenzuchtanlage.

Das Lokal **Ribeiro Frio** lädt mit einem gemütlichen Kaminzimmer zum Aufwärmen ein. Wer um die Mittagszeit eintrifft, sollte sich eine heiß geräucherte, fangfrische Forelle schmecken lassen (Tel. 291 57 5898).

Schöne Wanderungen sind in der Umgebung von Ribeiro Frio möglich. Ein Spaziergang (hin und zurück ca. 1 Std.) führt etwas unterhalb der Gasthäuser von Ribeiro Frio nach links entlang der Levada Velha zum Aussichtspunkt **Balcões**. Von dort blickt man weit über das zentrale Bergland.

Eine längere Wanderung kann man an der **Levada do Furado** in entgegengesetzter Richtung unternehmen. Durch dichten Lorbeerwald gelangt man zum Lamaceiros-Wasserhaus, von wo man zum Portela-Pass hinabsteigen kann (s. S. 68, insgesamt rund 3,5 Std. Gehzeit). Dieser Weg überwindet keine nennenswerten Höhenunterschiede, jedoch sind Schwindelfreiheit und Trittsicherheit Voraussetzung.

Busverbindungen: Funchal (Linien 56, 103, 138), ca. 7-mal täglich.

Bald verlässt man die Lorbeerwaldzone und kommt wieder in besiedeltes Gebiet. Unzählige kleine Ackerterrassen säumen die Straße, an deren Rand im Frühjahr Ginster und Margeriten blühen. Dann hat man die Qual der Wahl zwischen zwei schönen Strecken, die nach Faial führen. Die rechte Straße ist ein wenig kürzer und scheint direkt auf einen großen Bergklotz zuzuhalten, der die tief eingeschnittenen Täler steil überragt. Es ist der 590 m hohe Penha de Aguia (Adlerfelsen), das Wahrzeichen des Nordens (s. auch S. 69).

Das Landschaftsbild ist vielfältiger als im Süden. Bananen sieht man hier nur selten. Das Klima im Norden Madeiras ist viel zu rau für diese empfindliche Pflanze, wenngleich andere tropische Obstsorten angebaut werden können: Japanische Mispel, Stechapfel, Papaya, Mango und Maracuja. Auf einigen Feldern wächst sogar noch Zuckerrohr. Die kleinen Hütten, die überall zwischen den Feldern stehen, dienen als Ställe. In ihnen halten die Bauern ein oder zwei Kühe, die aber nicht auf die Weide getrieben werden. Manche Bauern transportieren noch riesige Grasbündel auf dem Kopf als Futter herbei.

Faial ⓰ und **Pico Ruivo

Faial (43 km), der erste Ort an der Nordküste, zwängt sich hoch über dem Meer ans Steilufer. Einen besonderen Akzent setzt seine schmucke Kirche in dem malerischen Bild.

Tipp Nach Passieren des Ortskerns zweigt rechts eine Straße zum **Fortim** ab (beschildert), einer winzigen Festung aus dem 18. Jh. Zu sehen gibt es ein paar Bronzekanonen und eine Ausstellung mit alten Stichen. Vor allem die Aussicht über Faial und die nähere Umgebung ist bestechend.

Etwas oberhalb des Ortes ermöglicht ein hübscher kleiner **Miradouro** nochmals einen Blick hinüber zum Adlerfelsen, ehe es an der Küste Richtung Santana weitergeht.

Gleich am Ortseingang führt links eine schmale Straße zur **Achada do Teixeira** (63 km) hinauf. Von hier aus geht man zu Fuß auf einem bequemen Weg in nur einer Stunde auf den ****Pico Ruivo.** Unterwegs lädt eine Quelle zu einem kühlen Trunk ein.

Tipp Man passiert eine Schutzhütte, in der man nach Voranmeldung (beim Governo Regional in Funchal, s. S. 34) übernachten kann. So bietet sich die Gelegenheit, das grandiose Gipfelpanorama auch bei Sonnenauf- oder Sonnenuntergang zu genießen.

*Santana ⓱

(73 km). Mit dem 5000-Einwohner-Ort verbindet man unweigerlich die kleinen strohgedeckten Häuser (s. S. 81 bzw. 27). Mehr als hundert davon verteilen sich über den Ort, die meisten sind von älteren Leuten bewohnt. Alle Strohhäuser stehen unter Denkmalschutz. Die Hauptstraße führt am Restaurant O Colmo vorbei, neben dem ein Strohhaus errichtet wurde, das man besichtigen kann. In der Nähe des neuen Rathauses hat das Fremdenverkehrsamt einige strohgedeckte Häuser als Schauobjekte für die Touristen aufstellen lassen.

Die generell sehr steile Nordküste bildet hier in Santana ein Plateau, die Feldterrassen sind größer als anders-

2
Seite 80

2
Seite 80

wo. Man baut viel Gemüse an und pflanzt auch die kleinen Kopfweiden, deren Ruten den Korbflechtern von Camacha als Rohmaterial dienen. Besonders schön ist es hier im Frühjahr, wenn die weißen Blütenkelche der Calla die Straßen einrahmen. Zu dieser Jahreszeit blühen auch die blauen Kerzen des Natternkopfs, der besonders typisch für Madeira ist.

Busverbindungen: Funchal (Linien 103, 138), ca. 3- bis 6-mal täglich; São Vicente (Linie 132), 1-mal täglich.

Quinta do Furão, Achada do Gramacho, Tel. 291 57 0100, Fax 291 57 2131, www.quintadofurao.com. Luxusherberge inmitten eigener Weinberge. Nahebei das gleichnamige Restaurant mit regionalen Spezialitäten. ❍❍❍

▌ **O Colmo,** Serrado, Tel. 291 57 0290, Fax 291 57 4312. Zentral, komfortabel; gutes Restaurant. ❍❍❍

▌ **O Curtado,** an der Straße nach Faial, Tel. 291 57 2240, Fax 291 57 4538. Pension mit Restaurant. Wer möchte, kann im Strohhäuschen wohnen. ❍

Estrela do Norte, Pico António Fernándes, Tel. 291 57 2059. Madeirensische und schweizerische Küche. ❍❍

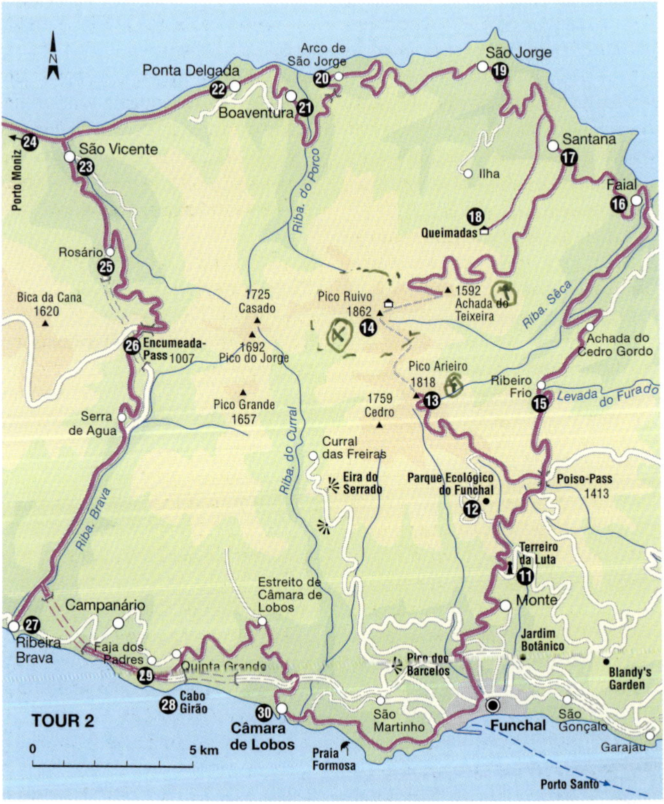

Unterwegs nach São Vicente

Von der Straße nach São Jorge, nicht weit vom Zentrum Santanas, führt eine winzige Pflasterstraße zu dem kleinen Weiler **Queimadas ⓲**, 78 km. Regierungseigene, strohgedeckte Ferienhäuser, etwas größer als ihre Verwandten in Santana, stehen inmitten einer idyllischen Parkanlage mit riesigen Rhododendren. Tische und Bänke laden zu einem Picknick ein, mehrere Wege für eine Wanderung stehen zur Auswahl.

Hoch über dem Tal der Ribeira de São Jorge auf einem Bergrücken liegt mit **São Jorge ⓳**, 92 km, einer der Orte Madeiras, die sich ihre Ursprünglichkeit bewahrt haben. Hier stehen wie auch in Santana noch viele strohgedeckte Häuser. Die barocke ***Pfarrkirche** von São Jorge (1761) gilt als kunsthistorisch wertvollste Kirche im Norden der Insel. Alle Altäre sind kunstvoll aus Holz geschnitzt und gedrechselt und reich mit Blattgold belegt. Auf dem vierstufigen Hauptaltar thront die kleine Figur des hl. Georg, des Drachentöters. Tafelbilder und Fresken stellen Szenen aus dem Leben des Heiligen dar.

Originell ist die Snackbar **Casa da Palha** hinter der Kirche. Sie ist im Nachbau eines traditionellen Holzhauses mit Strohdach untergebracht. ❍

Busverbindungen: Funchal (Linien 103, 138), ca. 3- bis 6-mal täglich; São Vicente (Linie 132), 1-mal täglich.

Vor der Ansiedlung Arco de São Jorge liegt hoch oberhalb der Steilküste das Restaurant **As Cabanas** (Tel. 291 57 6291; auch Bungalowanlage) mit Bar und Souvenirladen.

Der Blick vom nahen *Miradouro* ist einfach umwerfend. Tief unten liegen die Häuser von **Arco de São Jorge ⓴**, früher ein Zentrum des Gemüseanbaus. Viele Bewohner sind abgewandert. Die Gemüsefelder wurden in Weinberge umgewandelt, um die man sich am Wochenende kümmert. Ein Tunnel verbindet Arco de São Jorge mit dem Dorf **Boaventura ㉑**, 108 km.

Solar de Boaventura, Tel. 291 86 0880, Fax 291 86 3877, www.solar-boaventura.com. Hotelanlage rund um ein altes Herrenhaus; ideal für einen geruhsamen Urlaub. ❍

Strohgedeckte Häuser

Bei den traditionellen strohgedeckten Bauernhäusern gibt es in der Regel auf jedem der beiden Stockwerke nur einen Raum. Im Parterre wird er durch eine Bretterwand in einen Wohn- und einen Schlafbereich mit spärlichem Mobiliar unterteilt. Im Dachboden, der lediglich über eine Leiter von außen zu erreichen ist, schliefen früher die Kinder. Wegen der Feuergefahr – schließlich besteht das Haus nur aus Holz und Stroh – befand sich die Kochstelle ursprünglich stets im Freien. Heute sind Küche und Bad meist in einem Anbau untergebracht – finanzielle Hilfen der Regierung machen es möglich. Das Leben spielt sich nicht mehr, wie es früher noch üblich war, vorwiegend außerhalb des Hauses ab.

2 Seite 80

2
Seite 80

Hinterland bei Boaventura

Busverbindungen: Funchal (Linien 6, 103), ca. 7-mal täglich.

Ponta Delgada ㉒ mit seinem bei Flut von der Brandung überspülten Meerwasserschwimmbecken ist einmal im Jahr, am ersten Sonntag im September, ein großes Wallfahrtszentrum. Dann kommen gläubige Christen von überall in den kleinen Ort im Norden, um Jesus Christus zu verehren.

Die hölzerne Figur wurde angeblich im 15. Jh., also in der Gründungszeit der Ansiedlung, an der Küste bei Ponta Delgada angespült. Man errichtete daraufhin eine erste Kapelle. Im Lauf der Jahrhunderte gewann das Fest zu Ehren des Bom Jesus immer mehr an Bedeutung. Zwar wurde die alte Kirche 1908 bei einem Brand fast völlig zerstört, doch konnte man einen verkohlten Rest des historischen Kruzifixes retten. Dieser ist in der Sakristei zu besichtigen. Beachtung verdient auch die Ende der 1990er Jahre mit fantasievollen Motiven bemalte Decke des Kirchenraums.

Busverbindung: Funchal (Linie 6), 3-mal täglich.

Typisches Gässchen in São Vicente

**Sao Vicente ㉓

(6500 Einw., 117 km). Malerische Gassen mit herausgeputzten Häusern und kleinen Geschäften laden in diesem schönen Ort zu einem Bummel ein. Am Ortsrand nahe der Hauptstraße wurde vom World Wide Fund for Nature ein Garten mit allen auf Madeira endemischen Pflanzenarten der Küstenvegetation angelegt.

Mittelpunkt und Blickfang des Ortes ist die barocke **Pfarrkirche** (17. Jh.), die sich an die Flanke des São-Vicente-Tales duckt. 1943, die Jahreszahl der Renovierung, steht auf dem schwarzweißen Pflastermosaik vor dem Portal zu lesen. Auch ein Segelschiff gehört zur Darstellung. Zusammen mit zwei Raben ist es das Symbol des Märtyrers Vinzenz, des Stadtheiligen von Lissabon, dessen Gebeine man 1160 vom Cabo São Vicente dorthin überführte.

Altarraum und Seitenaltäre sind reich mit *Talha dourada* ausgestattet, der typischen Holzschnitzerei portugiesischer Kirchen, die mit Blattgold belegt ist. Da das Gold in São Vicente nicht für alle Altäre reichte, hat man die Holzverzierungen auch mit Tafelbildern sowie blauer und cremefarbener Bemalung verziert. Über dem Hauptaltar thront der hl. Vinzenz. Die Deckenbemalung des Hauptschiffes zeigt den Heiligen, wie er den Ort São Vicente segnet. Der umlaufende Fries aus bunten Fliesen, so typisch für portugiesische Kirchen, weist hier eine Besonderheit auf: Aus den Fliesen wurden regelrechte Bilder zusammengesetzt.

Auf dem nahe gelegenen Friedhof erheben sich im Schatten von Palmen die steinernen Familiengrüfte der wenigen Wohlhabenden im Ort neben den blumengeschmückten Gräbern der einfachen Leute. Der kleine achteckige Pavillon neben der Kirche dient bei Festen der Kapelle als Podium.

In den **Grutas de São Vicente** nördlich des Ortes (ausgeschildert) wird die geologische Vergangenheit Madeiras lebendig. Auf 700 m Länge wurde ein Lavatunnelsystem für Besucher erschlossen. Führungen 9–19 Uhr (Winter) bzw. 9–21 Uhr (Sommer).

2

Seite 80

Familienfest im Zeichen des Heiligen Geistes

Einmal im Jahr, zu Pfingsten, finden sich in São Vicente die Großfamilien so wie früher zusammen – zur **Festa do Espírito Santo** (Heiliggeistfest). Das Fest geht zurück auf König Dinis, der im 13. Jh. von Portugal aus ein »Imperium des Heiligen Geistes« errichten wollte. Er ersann Regeln und Symbole für einen religiösen Kult, der die christliche Eucharistiefeier ablösen sollte.

Auf Madeira wurde dieser Brauch von João Gonçalves Zarco eingeführt, um das Gemeinschaftsgefühl unter den ersten Siedlern zu stärken. Im Mittelpunkt stand eine Armenspeisung, die von einem jährlich neu zu bestimmenden *Imperador*, einem »Kaiser«, auszurichten war. Diesem wurde in einer feierlichen Zeremonie die Krone des Heiligen Geistes aufgesetzt.

Schon bald trat der ursprüngliche Sinn in den Hintergrund, es überwog bei den Festlichkeiten immer mehr das gesellige Essen und Trinken. Der Aufwand bei der Bewirtung wuchs, viele Familien ruinierten sich finanziell durch die Ausrichtung der Feiern. So wurde der Heiliggeistkult von der katholischen Kirche, die ihn ohnehin als lästige Konkurrenz beargwöhnte, jahrhundertelang heftig bekämpft. 1894 verbot der Bischof von Funchal schließlich die Krönungszeremonie.

Doch in vielen ländlichen Gemeinden findet noch heute die Visite des Heiligen Geistes statt, bei der die *Mordomos*, die stolz eine feuerrote Weste über dem dunklen Anzug tragen, in Begleitung von *Saloias* – Ehrenjungfrauen in farbenfrohen Trachten – Geld für die Armenspeisung einsammeln, die nach der Messe am Pfingstsonntag abgehalten wird. Dann feiert man im Haus des Imperador mit Musik und Tanz – und die ganze Familie ist dabei.

2

Busverbindungen: Funchal (Linien 6, 139), ca. 5-mal täglich.

Estalagem do Mar, Juncos, Fajã da Areia, Tel. 291 84 0010, Fax 291 84 0019. Modernes Hotel, direkt an der brandungsumtosten Nordküste gelegen. ○○

Seite 80

Abstecher in den Nordwesten

Abenteuerlich war es, wie in den 1950er Jahren mit der Spitzhacke, noch ohne den Einsatz von Maschinen, eine erste Straße in die schier senkrechten Küstenfelsen im Nordwesten Madeiras geschlagen wurde. Seit kurzem erst verläuft hier eine Schnellstraße mit vielen Tunnels. Doch als Einbahnstraße ist die alte Route von São Vicente aus abschnittsweise noch befahrbar und aufregend wie eh und je mit ihren engen Ausweichstellen und der kostenlosen Autowaschanlage, einem Wasserfall, der ungehindert auf die Fahrbahn stürzt.

Der wilde Küstenabschnitt endet bei **Porto Moniz** ㉔ (3500 Einw.), 135 km, einem Weinbauernort mit Felsbadebecken – traumhafte Pools mit glasklarem Wasser. Fische und allerlei anderes Meeresgetier tummeln sich rings um die dunklen Felsbrocken, die die Becken vor der heftigen Meeresbrandung schützen und dennoch die eine oder andere Welle hinüberschwappen lassen, sodass für kontinuierlichen Wasseraustausch gesorgt ist.

Porto Moniz wird immer beliebter: Tagesausflügler bevölkern die Restaurants, und im Sommer verbringen einheimische Familien ihren Urlaub in den Hotels, Pensionen, Ferienhäusern oder auf dem Campingplatz.

Busverbindungen: Funchal (Linien 80, 139), ca. 2-mal täglich; São Vicente (Linie 150), ca. 3-mal täglich.

Euro Moniz Inn, Sítio das Pogas, Tel. 291 85 0050, Fax 291 85 3933. Modernes Komforthotel mit schöner Gartenterrasse. ○○

Tatort Wald

Achtlos weggeworfene Zigarettenkippen? Glasscherben, die wie Brenngläser wirken? Im Einzelfall mögen sie Waldbrände auslösen. Doch seit einigen Jahren wird öffentlich diskutiert, was Eingeweihte längst wussten: Die meisten Feuer sind von Viehhaltern gelegt. Vor Gericht ist der Nachweis jedoch schwer zu führen. Die Viehhalter, die Ziegen, Schafe und Rinder in den Bergen herumlaufen lassen, stehen auf dem Standpunkt, Wald biete nicht genügend Grünfutter. So machen sie Aufforstungsbemühungen der Forstbehörde zunichte, indem sie die jungen Wälder niederbrennen. Die Feuerwehr kommt in dem schroffen Gelände nur schwer an die Brandherde heran. Auf Verständnis können diese Viehhalter immer weniger zählen. Vor allem unter den jungen Leuten wächst das Bewusstsein für die Erhaltung der Wälder. Immer öfter wird heute das halb wild lebende Vieh durch moderne Rassen ersetzt, die unter Kontrolle eines Hirten weiden und zusätzlich importiertes Kraftfutter erhalten.

Prächtiger Ausblick vom Encumeada-Pass

▮ **Orca,** Sítio das Pogas, Tel. 291 85 0000, Fax 291 85 0019. Am Meerwasserpool. ○

Polo Norte, Sítio das Pogas, Tel. 291 85 2322. Regionale Küche; Dachterrasse. ○

Über den Encumeada-Pass

Zunächst geht es zurück nach São Vicente, wo der Weg durch das gleichnamige Tal aufwärts führt. An den dicht bewaldeten Hängen stürzen nach Regengüssen Wasserfälle zu Tal. Links der Straße erhebt sich der Glockenturm von **Rosário** ㉕. Die nur aus dem Turm bestehende Kapelle wurde um die Mitte des 20. Jhs. zu Ehren der Jungfrau von Fátima errichtet.

Man muss sich nun entscheiden, ob man den neuen Straßentunnel nach Ribeira Brava wählen möchte oder durch üppige Regenwälder zum **Encumeada-Pass** ㉖, 164 km, dem mit 1007 m niedrigsten Gebirgsübergang Madeiras, fährt. Bei gutem Wetter kann man von der Passhöhe gleichzeitig zur Nord- und Südküste schauen.

So oder so gelangt man Richtung Süden in das Tal der *Ribeira Brava*. Im Winter macht der Fluss seinem Namen »Wilder Bach« alle Ehre, wenn das Wasser schäumend über die riesigen Basaltblöcke schießt.

Einsam an der Passstraße liegen die Hotels **Residencial Encumeada** (Tel. 291 95 1282, Fax 291 95 1281; ○) und weiter unten die **Pousada dos Vinháticos** (Tel. 291 95 2344, Fax 291 22 8611; zeitig reservieren unter Tel. 291 76 5658; ○○).

2
Seite 80

Ribeira Brava ㉗

(9000 Einw., 178 km). Hier ist eigentlich immer schönes Wetter. In einem der Straßencafés an der Uferpromenade kann man die Sonne und den Blick über das Meer genießen. Nahebei gibt es einige Geschäfte und eine neue Markthalle. Die Hauptstraße **Rua do Visconde** ist mit altem Kopfsteinpflaster ausgelegt. In einem hübschen Park, dessen Bäume Schilder mit ihren botanischen Namen tragen, verbirgt sich ein rosa getünchtes Herrenhaus von 1776, das heutige **Rathaus.**

Bereits um 1440 wurde mit dem Bau der **Pfarrkirche São Bento** begonnen. An der Spitze des mit weißblauen Fliesen verkleideten Turms fällt eine Armillarsphäre auf, das Symbol der portugiesischen Entdecker (s. S. 43). Aus dem Barock stammen die prunkvoll mit Gold verkleideten Altäre. Eine Restaurierung in jüngerer Zeit erfolgte leider nicht sehr stilsicher, doch blieben Teile der ursprünglichen Kirche erhalten. Berühmtestes Stück ist das manuelinische Taufbecken in einer separaten Kapelle. Auch die Kanzel stammt aus manuelinischer Zeit.

In einem renovierten Herrenhaus aus dem 17. Jh. am Nordrand der Stadt ist das **Museu Etnográfico da Madeira** (Volkskundliches Museum) untergebracht. In stilvollem Rahmen zeigt es traditionelle Landwirtschafts- und Fischereigeräte, Hausrat und Kunsthandwerk (Öffnungszeiten: Di–So 10 bis 12.30, 14–18.30 Uhr; Fei geschl.).

Mit dem **Núcleo Museológico João Carlos Abreu** befindet sich an der seitlich den Ortskern passierenden Landstraße ein weiteres Museum. Es zeigt eine umfangreiche Privatsammlung von Pferdestatuen und -bildern aus aller Welt (Öffnungszeiten: Di–Sa 10 bis 12.30, 14–18 Uhr; Fei geschl.).

2
Seite 80

i Büro in der kleinen Rundfestung São Bento gegenüber der Markthalle, Tel. 291 95 1675; Öffnungszeiten: Mo–Fr 9–12.30, 14–17 Uhr, Sa 9–12.30 Uhr.

Busverbindungen: Funchal (Linien 4, 6, 7, 107, 139), etwa jede Stunde; Expressbus nach Funchal Mo–Fr 3-mal täglich.

Valemar, Sítio do Muro, Tel. 291 95 2563, Fax 291 95 1166. Modern; ruhig, am Ortsrand. ○○

Agua Mar, Tel. 291 95 1148. Panoramarestaurant direkt am Strand. ○○

An der Südküste

Auf der Autobahn Richtung Funchal fährt man bis Quinta Grande und folgt dann der Beschilderung Richtung ***Cabo Girão** ㉘, 186 km. Am dortigen Aussichtspunkt besagt ein Schild 580 m Höhe. Und man schaut tatsächlich so weit senkrecht hinunter auf den Küstensaum mit dem dunklen kiesigen Strand. Einige winzige Terrassenfelder kleben förmlich an der Steilwand. Östlich schweift der Blick hinüber nach Funchal mit Câmara de Lobos im Vordergrund.

Spektakuläres Cabo Girão

Tipp In der Nähe befindet sich eine kleine Bar, in deren Nebenräumen das Fremdenverkehrsamt eine Fotoausstellung zur Geschichte des Tourismus auf Madeira eingerichtet hat.

Busverbindung: Funchal (Linie 154), 1- bis 4-mal täglich.

Eine Extra-Tour wert ist die südwestlich vom Cabo Girão am Fuß der Steilküste gelegene Plantage **Fajã dos Padres** ㉙. Die einsame Küstenebene, auf der Mangos und andere Tropenfrüchte kultiviert werden, ist nur per Aufzug die Steilküste hinunter oder per Ausflugsboot von Funchal aus zu erreichen. Es gibt ein Strandrestaurant und Bademöglichkeit an der Kaianlage.

Weinfelder sind typisch für **Estreito de Câmara de Lobos.** Die Reben werden hier auf Gestellen hochgezogen. In dem Ort ist eigentlich nicht viel los, wäre da nicht der beliebte Sonntagsmarkt. Richtig zum Leben erwacht Estreito bei der Weinlese im September. Höhepunkt der Weinlese ist das Weinfest, auf dem der Besucher nicht

Der malerische Fischerort Câmara de Lobos

nur kräftig essen und trinken kann, sondern auch in die alte Kunst des Stampfens der Weintrauben mit den Füßen eingewiesen wird. Die blauen Trauben verarbeitet eine Weinkellerei im Ort zu begehrtem Madeira-Wein.

Busverbindungen: Funchal via Câmara de Lobos (Linien 3, 4, 6, 7, 96, 107, 148, 154), häufig.

Santo António, Tel. 291 91 0360. Spezialität: *espetada* (Fleischspieß). ❍

Tipp Auf der Weiterfahrt kann man einen Abstecher nach links zum **Pico da Torre** (ausgeschildert) machen, einem Aussichtsgipfel mit Blick über Câmara de Lobos und die Küste (Achtung: Keine Wertsachen im Auto lassen!).

Câmara de Lobos ㉚

(198 km) besitzt einen der wichtigsten Häfen Madeiras. Die bunt bemalten offenen Holzboote liegen in der geschützten Bucht vor Anker oder werden an den Strand gezogen. Die Fischer sind in aller Ruhe damit beschäftigt, die langen Angeln zu reparieren, mit denen sie den Degenfisch *(espada)* aus großen Meerestiefen heraufholen. Nur etwa drei Tage in

Getrockneter Katzenhai ist eine Spezialität

der Woche können die Boote auslaufen, oft ist der Atlantik zu stürmisch. Nicht versäumen sollte man einen Blick in die Fischerkapelle **Nossa Senhora da Conceição** am Hafen, die im 18. Jh. komplett erneuert wurde. Ölgemälde mit Szenen aus dem Leben des hl. Pedro Gonçalves Telmo, des Schutzpatrons der portugiesischen Schiffer, schmücken die Wände.

Die Bevölkerung von Câmara de Lobos ist arm, der Fischfang wirft nicht viel ab. Daher gehören Frauen, die mühselig mit Stickereiarbeiten den Familienunterhalt verdienen, ebenso zum Bild wie die zahlreichen, teils nur dürftig bekleideten Kinder.

Im Jahr 1430 wurde die **Pfarrkirche São Sebastião** gegründet; dies verrät das Pflastermosaik auf dem Vorplatz. Auch sie wurde im Barock vollständig neu erbaut. In kühlen Farben ist das Gemälde der Holzdecke gehalten, das das Martyrium des hl. Sebastian abbildet, des Schutzpatrons des Ortes. Edel und harmonisch wirkt das Farbenspiel der Blattgoldornamente auf hellem Grund an den Haupt- und Seitenaltären.

Riba-Mar, Largo da República, Tel. 291 94 2113. Fangfrischer Fisch. ❍

2

Seite 80

Tour 3

Entdeckungsreise in den Westen

****Funchal → *Paúl da Serra → Calheta → Ponta do Sol → **Funchal (153 km)**

3

Seite 90

Auf dieser Tour zeigt Madeira ein ungewohntes Gesicht: Die karge Hochebene Paúl da Serra – oft wolkenverhangen und fast menschenleer – könnte auch im schottischen Hochland liegen. Glück mit dem Wetter hat man hier am ehesten, wenn es im Osten Madeiras bedeckt ist. Dann werden vor allem Wanderer begeistert sein von den Wegen durch beinahe unberührte Urwälder und entlang der Levadas von Rabaçal. Vom Tourismus entdeckt wird zur Zeit die bis vor kurzem noch recht ursprüngliche Südwestküste der Insel. Liebliche, sonnenverwöhnte Ortschaften wechseln mit wilden, felsigen Küstenabschnitten ab. Hier und da findet man sogar eine Badebucht.

Für die Strecke benötigt man mit Leihwagen oder Taxi einen Tag. Per Linienbus lassen sich zwar die Orte an der Süd- und Westküste aufsuchen, nicht jedoch die Hochebene Paúl da Serra.

Die Hochebene *Paúl da Serra ㉛

Man verlässt Funchal auf der Autobahn Richtung Westen und erreicht rasch das Tal von Ribeira Brava, wo man sich nordwärts Richtung São Vicente hält. In Serra de Agua wählt man nicht den Tunnel, sondern fährt hinauf zum **Encumeada-Pass** (43 km; s. S. 78). Dort kann man in einer kleinen Bar etwas trinken, bevor man auf der Aussichtsstraße Richtung Bica da Cana in die Einsamkeit hinauffährt. Unterwegs ergeben sich immer wieder wunderbare Ausblicke zur Südküste hinunter.

!! Vorsicht vor Steinschlag! Nach heftigen Regenfällen donnern immer wieder schwere Brocken von den Felswänden auf die Fahrbahn, weshalb die Einheimischen, wenn kein Gegenverkehr kommt, lieber die linke Fahrspur benutzen.

Die Hochebene ***Paúl da Serra** wirkt im Winter recht trostlos, wenn die vertrockneten Wedel des Adlerfarns den Boden bedecken. Im Frühling und Sommer sprießt das junge Grün, über das sich dann die zahlreichen halb wilden Schafe hermachen. An große Sitzkissen erinnern die gelben Ginsterbüsche, deren runde Form dem Ziegenbiss zu verdanken ist.

Die nächsten Häuser gehören zum Aussichtspunkt **Bica da Cana ㉜**, 55 km. Vom Forsthaus erreicht man den Miradouro zu Fuß auf einem teilweise steinigen Pflasterweg. Aus 1620 m Höhe blickt man tief hinunter in das Tal von São Vicente, jenseits des Encumeada-Passes sind die höchsten Gipfel Madeiras auszumachen. Weiter geht es über die Hochebene Paúl da Serra (»Gebirgssumpf«). Die Gegend ist tatsächlich häufig nebelverhangen, und man fühlt sich in die schottischen Moore versetzt. Allmählich wird der Bergkamm schmaler, und man kann gleichzeitig zur Nord- und Südküste hinunterschauen.

Pico da Urze, Tel. 291 82 0150, Fax 291 82 0159. Einsame Lage, Ausgangspunkt für Wanderungen,

Höher als die Wolken – die Hochebene Paúl da Serra

3

Seite 90

Restaurant mit Wildspezialitäten und vegetarischen Gerichten. ○○

An einem Wasserbecken zweigt die schmale, 2 km lange Straße nach **Rabaçal** ㉝ ab. Auf einer abenteuerlichen Strecke geht es bergab in die grüne Hölle eines Lorbeerdschungels bis zu den wenigen Häusern des Ortes, einer winzigen Feriensiedlung, in der portugiesische Regierungsangestellte Urlaub machen können. Rabaçal ist ein guter Ausgangspunkt für Wanderungen. Ein System von Levadas durchzieht das unwegsame Tal der Ribeira da Janela. Das Wasser wird durch zwei Tunnels zur Südseite Madeiras geführt, wo es die trockenen Küstenhänge bewässert.

Beliebtes Ausflugsziel sind die zwei **Risco-Wasserfälle,** schmale und schier unendlich lange Kaskaden. Vom Parkplatz geht es den breiten Weg hinab und dann stets an der Levada do Risco entlang (hin und zurück 45 Min.). Ein wenig anspruchsvoller, aber vielleicht noch schöner ist der Weg zu den **25 Quellen** (»25 Fontes«; hin und zurück 2 Std.). Durch einen märchenhaft anmutenden Wald mit flechtenbehangenen Baumriesen steigt man von der Levada do Risco zur Levada das 25 Fontes hinab, die zu einer Stelle führt, wo ca. 25 Quellen in ein Becken rieseln.

Weg zur Westspitze

Am Nordabhang der Insel wird die Vegetation dichter. Zunächst säumt Heide die Straße, aber nicht niederes Heidekraut, sondern die buschförmige Baumheide; darauf folgt die Zone des Lorbeerwaldes. An der nächsten Straßengabelung geht es links Richtung Funchal.

Bei **Ponta do Pargo** ㉞, 101 km, weitet sich die Landschaft. Die Bauern des Ortes bewirtschaften ausgedehnte Felder, auf denen sogar Maschinen zum Einsatz kommen – eine Seltenheit auf Madeira. Und nicht weniger überrascht, dass hier Kühe auf saftigen Wiesen weiden.

Ein Schild mit der Aufschrift **Farol** weist den Weg zur äußersten Westspitze Madeiras. Hoch über der Steilküste taucht die knallrote Kuppel des Leuchtfeuers auf, die auf einem weißen Gebäude sitzt. Im Inneren wird eine Ausstellung über die Geschichte der portugiesischen Leuchttürme gezeigt (Öffnungszeiten: tgl. 9.30–12, 14 bis 16.30 Uhr). Von der Terrasse genießt man einen sagenhaften Ausblick. Aber auch die Sicht vom 1 km entfernten Miradouro (ausgeschildert) ist nicht zu verachten.

Busverbindungen: Funchal (Linien 80, 107), ca. 3mal täglich; Porto Moniz (Linie 142), ca. 1-mal täglich.

Seite 90

O Farol, Tel. 291 88 0010, Fax 291 88 0019. An der Straße zum Leuchtturm mit weitem Blick übers Meer, freundlich und modern. ❍

Casa de Chá »O Fío«, am Miradouro. Snacks, selbst gebackener Kuchen. ❍

Solar de Pero, gegenüber der Kirche. Mit angenehmer Terrasse. ❍

Tipp Bevor man über Fajã da Ovelha nach Paúl do Mar hinunterfährt, kann man einen Abstecher auf der Küsten-Höhenstraße nach **Prazeres** ㉟ machen, wo es noch viele der alten, nur aus einem Zimmer bestehenden Häuser gibt. Sie sind aus dunklem Basaltgestein gemauert und unverputzt.

Jardim Atlântico, Tel. 291 82 0220, Fax 291 82 0221. Grandiose Aussicht; Sport- und Wellness. Ein steiler Wanderweg führt in 1 Std. nach Paúl do Mar. ❍❍❍

Fischerboote in Paúl do Mar

Naturdusche à la Madeira

Casa do Chá, Sítio da Estacada, Tel. 291 82 3070, Fax 291 82 3072. Landgasthof, Nähe Kirche. ○○

Busverbindungen: Funchal (Linien 80, 107, 142), etwa 3-mal täglich.

Vista Prazer, nahe Hotel Jardim Atlântico. Wechselnde Tagesgerichte, schöner Meerblick. ○○

Paúl do Mar 36

(118 km) ist einer der wenigen Orte Madeiras, die direkt ans Meer gebaut worden sind. Eine winzige Straße führt steil bergab in den Ort, dessen Häuser auf dem schmalen Küstensaum inmitten von Bananenplantagen stehen. Der Ortskern im Westen mit den engen Gassen wird fast erdrückt von der Felswand, die ihn steil und dunkel überragt. Das kleine Heiligtum für **Santo Amaro** scheint von den Dorfbewohnern errichtet worden zu sein, damit sie vor den Gefahren des Meeres gefeit blieben.

Säuberlich aufgereiht liegen die Fischerboote mit ihren grünen und blauen Rümpfen am Kai. Es sind kleine, offene Boote, die nur bei ruhiger See eingesetzt werden können. Über eine Slipanlage werden sie ins Wasser gelassen. In der kleinen Markthalle werden die kargen Fänge der Fischer versteigert. Die Schornsteine zweier schon lange nicht mehr benutzter Zuckermühlen zeugen davon, dass vor einigen Jahrzehnten hier noch Zuckerrohr angebaut wurde.

Deutlich fallen die Gegensätze zwischen Arm und Reich in Paúl do Mar ins Auge. Am Ortsrand sind in den letzten Jahren viele neue große Häuser entstanden, die zurückgekehrten Emigranten gehören. Einst waren sie der Enge des Ortes entflohen, um in Übersee ihr Glück zu machen. Nach Jahren kommen viele zurück und bauen sich mit dem im Ausland verdienten Geld eine neue Existenz in der Heimat auf. Emigranten waren es auch, die das Geld für den Bau der modernen Kirche stifteten.

Lago Mar, Sítio da Lagoa, Tel. 291 87 2394. Auf der luftigen Terrasse werden frische Meeresfrüchte der Region serviert. ○○

Jardim do Mar 37

Durch einen brandneuen Straßentunnel gelangt man in das malerische Fi-

3

Seite 90

Alte Schornsteine erinnern an frühere Zuckerrohrmühlen in Calheta

3
Seite 90

scherdorf, dessen Häuser sich am Meer zusammendrängen. Hier kann man ursprüngliche Atmosphäre schnuppern. Die verwinkelten Gassen des Ortes sind nur für Fußgänger zu benutzen und wurden mit dekorativen Holzwegweisern versehen. Baden kann man am Hafen (Portinho) oder an der Enseada (10 Min. Fußweg vom zentralen Parkplatz), einer relativ ruhigen Bucht mit Kiesstrand.

Jardim do Mar, Tel. 291 82 3616, Fax 291 82 3617. Am Dorfplatz mit Atlantikblick, Restaurant mit Meeresfrüchte-Spezialitäten. ○○

Tar-Mar, Sítio da Piedade, Tel. 291 87 2394. Schattige, von Blüten überrankte Terrasse, Fisch und Meeresfrüchte. ○○

Calheta ㊳

(119 km) ist mit seinen 5500 Einwohnern das Zentrum des Südwestens. Nahe am Meer drängen sich in einer engen Schlucht die Häuser des Ortskerns zusammen. Die sehenswerte ***Pfarrkirche** ist tagsüber geöffnet, um die Mittagszeit (13–15 Uhr) steht man jedoch vor verschlossener Tür. Künstlerisch bemerkenswert sind die manuelinischen Verzierungen am Portal, die im Mudéjarstil geschnitzte Holzdecke im Chor und das besonders kostbare Allerheiligste aus Silber und Ebenholz in einer Kapelle des Seitenschiffes.

Nebenan steht eine der wenigen noch im Betrieb befindlichen **Zuckermühlen** Madeiras Besuchern offen. Hier werden Rum, Zuckerrohrschnaps *(aguardente de cana)* und Zuckersirup *(mel)* produziert und verkauft. Der Besuch lohnt sich vor allem zur Erntezeit im April und Mai (Öffnungszeiten: Mo bis Sa 8–12.30, 13.30–18, So 10 bis 18 Uhr). Schornsteine weiterer ehemaliger Zuckermühlen am Küstensaum zeugen von Calhetas Glanzzeit als Zuckerrohranbaugebiet.

An der Straße zum oberen Ortsteil Estrela erhebt sich ein restauriertes Gutshaus von 1759, in dem die **Casa de Cultura** ihren Sitz hat. Hier finden Wechselausstellungen statt. Von der Terrasse hat man einen schönen Blick.

Busverbindungen: Funchal (Linien 80, 107, 115, 142), ca. 5-mal täglich. Nur bis zum oberen Ortsteil Estrela, von dort weiter mit dem Taxi

Atrio, Estreito da Calheta, Tel. 291 82 0400, Fax 291 82 0419, www.atrio-madeira.com. Kleines Landhaushotel am Waldrand. ○○

Calheta Beach, Vila, Tel. 291 82 0300 od. 291 93 0930 (Res.), Fax 291 82 0301, www.calheta-beach.com. Wellness- und Wassersport, dt. Leitung. ○○

Rocha Mar, gegenüber vom Hotel Calheta Beach. Tapas wie in Spanien, gehobenes Niveau. ○○○

Alles aus Zuckerrohr

Der Zuckerrohrschnaps *(aguardente de cana)* wird meist gleich nach dem Brennen getrunken. Oft mixt man ihn mit Honig und frischem Zitronensaft zu *poncha,* einem Drink, der es in sich hat. Den Zuckersirup nennt man *mel* (wörtl. »Honig«). Traditionell wird daraus in der Weihnachtszeit der so genannte Honigkuchen, *bolo de mel,* gebacken.

Rückweg nach Funchal

Lang zieht sich die Häuserfront von **Madalena do Mar** ㊴, 134 km, an der Küste entlang. Eine Straße hat die Bewohner vom Meer getrennt, das sie noch bis in die 1990er Jahre unmittelbar vor der Haustür hatten.

Der Weg zu der malerischen Kleinstadt **Ponta do Sol,** 138 km, führt am Fuß der Steilküste entlang. Im Ort sollte man keinesfalls den Besuch der *Pfarrkirche Nossa Senhora da Luz (Unserer Lieben Frau des Lichts) versäumen. Nach dem Eingang steht hinter Gittern ein grün glasiertes Keramiktaufbecken: ein Geschenk von König Manuel I. Der Fliesenfries des Kirchenschiffs wurde jüngst erneuert. Original dagegen sind die Fliesen, die den Altarraum verkleiden. Ausnahmsweise kommt hier zu den traditionellen Farben Blau und Weiß noch Gelb hinzu. Der Glanzpunkt ist die holzgeschnitzte Decke im Altarraum: eine Arbeit aus der ursprünglichen, im Mudéjarstil gehaltenen Kirche, die um 1500 entstanden sein dürfte. Ihre bunte Fassung stammt wohl nicht aus dieser Zeit, denn die Mudéjarkünstler beließen ihre Holzdecken unbemalt.

Tipp Literaturfans sollten hinter der Kirche noch ein paar Schritte bergauf gehen. In dem alten Bürgerhaus zur Linken mit dem Sternbild des Kleinen Wagens als Wappen lebten einst die Vorfahren des amerikanischen Bestsellerautors John dos Passos (1896–1970).

Oberhalb der Kirche liegt ein netter von Palmen beschatteter Platz: der Parque Infante Dom Henrique. Von der Aussichtsterrasse überblickt man den steinigen Strand und den Schiffsanleger von Ponta do Sol, der in eine natürliche Felsbarriere integriert ist.

3

Seite 90

Nahebei erhebt sich die Capela Santo António, die heute einen romantischen Rahmen für wechselnde Ausstellungen abgibt.

Busverbindungen: Funchal (Linien 4, 107), ca. 6-mal täglich.

Baía do Sol, Rua Dr. João Augusto Teixeira, Tel. 291 97 0140, Fax 291 97 0149. Geschickt in die Uferfront integriert, alle Zimmer mit Meerblick, Hallenbad. ○○

Poente, Cais da Ponta do Sol, Tel. 291 97 3564. Fisch und Meeresfrüchte. ○○

Durch weitere Tunnels geht es an der Küste entlang nach Ribeira Brava und von dort auf der Schnellstraße zurück nach Funchal (138 km).

3

Seite 90

Rätsel um Heinrich

Eine verschnörkelte Grabplatte, die das Grab Heinrichs des Deutschen in der Kirche von Madalena do Mar abgedeckt haben soll, befindet sich heute in der Quinta das Cruzes in Funchal. Aus derselben Kirche stammt auch das wertvollste Gemälde des dortigen Museu de Arte Sacra, das die Begegnung des hl. Joachim mit der hl. Anna zeigt. Kunsthistoriker schreiben es dem flämischen Meister Jan Gossaert aus Mabuse zu, obwohl dafür der letzte Beweis fehlt. Wie es heißt, hätten Heinrich der Deutsche und seine Frau Agnes Modell für das Bild gestanden.

Wer war dieser sagenumwobene Mann, den das Volk Henrique Alemão nannte, der sich selbst aber immer als Ritter der hl. Katharina bezeichnete, ein Titel, den er bei einer Pilgerfahrt ins Heilige Land erworben hatte? Sicher ist nur, dass er 1454 nach Madeira kam und kurz darauf von Zarco riesige Ländereien bei Madalena do Mar zugewiesen bekam. Über seine Vergangenheit hat er nie gesprochen. Nach einer Legende soll es sich um den polnischen König Ladislaus III. gehandelt haben, der – so die offizielle Version – in der Schlacht von Varna (1444) im Kampf gegen die Türken gefallen ist. Einige sind jedoch der Meinung, er habe überlebt und zum Dank für diese Gnade Gottes eine Pilgerfahrt nach Jerusalem unternommen. Anschließend habe er den portugiesischen König um Aufnahme und Berücksichtigung bei der Landvergabe auf der kurz zuvor eroberten Insel Madeira ersucht. Dort lebte er unerkannt, bis ihn zwei polnische Mönche in seinem Exil entdeckten und zur Rückkehr nach Polen bewegen wollten. Kurz darauf starb er unter mysteriösen Umständen.

Die letzten Rätsel um Heinrich den Deutschen werden wohl nie gelöst werden. Der polnische Archäologe Leopold Kielanowsky, der Anfang der 1980er Jahre Ausgrabungen in Madalena do Mar durchführte, hatte angeblich Beweise dafür gefunden, dass Ladislaus III. dort beerdigt worden sei, doch er starb während der Untersuchungen und nahm seine Erkenntnisse mit ins Grab.

Seite 95

Porto Santo

Die Strandinsel

Wer Sand, Sonne und Ruhe sucht, der ist auf Porto Santo richtig. Die gerade 11 km lange und 6 km breite Nachbarinsel Madeiras wartet mit einem 8 km langen, wunderbar weißen Sandstrand auf, der bisher kaum bebaut ist. Lediglich in den Sommermonaten, wenn madeirensische Familien mit Sack und Pack nach Porto Santo kommen, füllt er sich.

Während der übrigen Jahreszeiten kann man ungestört nahezu endlose Strandwanderungen unternehmen oder sich am Rand der Dünen einen windgeschützten Ruheplatz suchen. Sportlich Ambitionierte haben die Wahl zwischen Segeln, Surfen, Reiten und Fahrradfahren. Die Sonne lässt sich übrigens häufig auf Porto Santo sehen, der Regen ist dagegen ein seltener Gast.

Eine Fähre bringt die Besucher, sei es für einen Tagesausflug oder einen längeren Urlaub, in 2 Std. 45 Min. von Funchal nach Porto Santo. Je nach Wetterlage können die Atlantikwellen den Fahrgästen allerdings schon ein wenig zusetzen. Die Rückfahrt verläuft aber meist ruhig. Wer die Überfahrt per Schiff wegen fehlender Hochseetüchtigkeit scheut, kann mit kleinen Propellermaschinen in 15 Min. von Madeira hinüberfliegen.

Geschichte

1418 nahmen die Portugiesen Porto Santo bereits einige Monate vor Madeira in Besitz. Bartolomeu Perestrelo, der spätere Schwiegervater von Christoph Kolumbus, wurde erster Legatskapitän der Insel und warb Siedler an. Diese fanden fruchtbaren Boden vor, rodeten die vorhandenen Büsche und Bäume und bauten Getreide an. Die Großsegler auf den Atlantikrouten versorgten sich hier mit frischen Lebensmitteln – heute kaum noch vorstellbar.

Die Rodung blieb nicht ohne Folgen: Der Boden trocknete aus, die fruchtbare Krume wurde durch Regenwasser nach und nach ins Meer gespült. Daran hat sich bis heute wenig geändert: Viele Terrassenfelder an den Berghängen liegen brach, und zahlreiche Dörfer sind verfallen.

Da Porto Santo kaum zu verteidigen war, war es in früheren Zeiten auch ein beliebtes Ziel für Piratenüberfälle. So wäre die Insel beinahe ganz von den Bewohnern aufgegeben worden, wenn nicht die Landwirt-

Seite 95

Einige Windmühlen sind auf Porto Santo noch betriebsbereit

schaft nach politischen Reformen im 18. Jh. neue Impulse erhalten hätte. Zahlreiche Windmühlen zum Mahlen des Getreides wurden errichtet, von denen einige noch in Betrieb sind. Man leitete Aufforstungsmaßnahmen ein, und bis heute ist man bemüht, die Berge Porto Santos wieder zu begrünen.

Mangelware Arbeit

Für die rund 5000 Bewohner der kargen Insel sind die Erwerbsmöglichkeiten nicht gerade vielfältig. Das bisschen Landwirtschaft auf dem kargen Boden gibt nicht viel her, lediglich Weintrauben und Melonen finden im Sommer auf Madeira dankbare Abnehmer. Der 1960 eröffnete Flughafen mit seiner gigantischen Landebahn wäre mit dem zivilen Flugverkehr kaum ausgelastet, wären da nicht die NATO und das Militär. Vergleichsweise zahlreiche Arbeitsplätze bietet inzwischen auch der Tourismus.

Rathausplatz von Porto Santo

Porto Santo ㊶

Etwa jeder zweite Bewohner Porto Santos lebt in der gleichnamigen Hauptstadt, die bis 2001 offiziell noch Vila Baleira hieß. Mit ihren Palmen und den weißen Häusern vermittelt sie einen freundlichen Eindruck.

Von der Terrasse des **Café Baiana** am Largo do Pelourinho (Rathausplatz) kann man das Kommen und Gehen der Taxis beobachten und den alten Männern zuschauen, die auf dem schattigen Platz zu einem Schwatz zusammenkommen.

Gleich neben dem Rathaus (16. Jh.) mit den Drachenbäumen vor der Tür erhebt sich die **Igreja Nossa Senhora da Piedade** mit ihrem blauweißen Fliesenmedaillon unter dem knallroten Ziegeldach. Von Piraten wurde sie immer wieder beschädigt, und so musste sie, wenngleich die Gründung schon wenige Jahre nach der Besiedelung Porto Santos erfolgte, im 17. Jh. fast völlig neu errichtet werden. Bei der Gestaltung folgten die Baumeister dem zu jener Zeit modernen

Seite 95

Barockstil. In der Kirche befindet sich ein Altarbild von Max Römer, einem deutschen Impressionisten, der Anfang des 20. Jhs. als früher Aussteiger auf Madeira lebte.

In den Gassen hinter der Kirche verbirgt sich das ***Kolumbus-Museum.** Allerlei sehenswerte Dinge, die mit dem Leben des Entdeckers verknüpft sind, wurden hier zusammengetragen (Öffnungszeiten: Mo–Fr 10–17.30 Uhr, Sa 10–12 Uhr, So, Fei geschlossen). Das Nachbarhaus wird, einer Überlieferung folgend, als Wohnhaus von Kolumbus angegeben. Jahre vor seiner ersten Atlantiküberquerung (1492) soll er hier mit seiner Frau Felipa Moniz eine Zeit lang gelebt haben. Das Haus scheint jedoch erst im 17. Jh. errichtet worden zu sein.

Inselrundfahrt

Um die vielen Gesichter der Insel kennen zu lernen, sollte man sich für einen Tag ein Auto oder Taxi mieten, auch mit dem Fahrrad (zu mieten in der Hauptstadt) ist die ca. 20 km lange Rundfahrt lohnend.

Pico do Castelo und Camacha

Einen hervorragenden Überblick über die karge Ebene im Zentrum der Insel gewinnt man vom **Pico do Castelo** ㊷ (437 m), der von weitem ein wenig an den Zuckerhut von Rio erinnert. Vom Parkplatz am Aussichtspunkt sind es noch 20 Min. zu Fuß bis zum Gipfel. Dort stand früher ein Kastell, in das sich die Inselbewohner bei Piratengefahr flüchteten.

In der Tradition der Karavelle

Noch vor rund 20 Jahren verkehrten Holzboote, wahrscheinlich Nachfolger der Karavellen des 15. Jhs., regelmäßig zwischen den Inseln. Sie brachten gebrannten Kalk von Porto Santo und alles Notwendige für das tägliche Leben von Funchal. Mit dem Bau des Hafens von Porto Santo in den 1980er Jahren war das Schicksal der Frachtsegler (die übrigens längst mit Motoren ausgestattet waren) besiegelt. Moderne Containerschiffe übernahmen die Versorgung der Insel. Bei einem Sturm wurden die letzten beiden Frachter an den Strand geworfen, einer fiel sofort dem Bulldozer zum Opfer, der andere, die »Maria Cristina«, gammelte lange am Strand von Campo de Baixo vor sich hin. Jüngst wurde das letzte verbliebene Exemplar der einst stolzen Frachtseglerflotte Porto Santos restauriert und kreuzt nun wieder – heute allerdings zu repräsentativen Zwecken – in den Gewässern des Archipels.

Auch der Kalktransport wurde aufgegeben. Jahrzehntelang war gebrannter Kalk, der auf Madeira als Mörtel und Düngemittel Verwendung fand, die wichtigste Einnahmequelle der Bewohner Porto Santos. Man baute ihn vor allem auf der Ilhéu de Baixo ab, die wegen ihrer Kalkvorkommen auch Ilhéu de Cal (Kalkinsel) heißt. In den Stollen wurden immer wieder Männer verschüttet, oder sie stürzten an der Steilküste ab. Madeira bezieht heute seinen Kalk vom portugiesischen Festland; auf Porto Santo brennen noch zwei kleine Fabriken den Kalk aus den leichter zugänglichen Stollen von Lapeiras.

Seite 95

Davon träumen Badeurlauber – der Strand von Porto Santo

Weiter geht es nach **Camacha ㊸**, dem größten Ort im Norden. Die 150 Jahre alte Windmühle ist noch betriebsbereit, doch seit der letzte Müller 1993 gestorben ist, steht sie still, denn die Söhne haben kein Interesse an dem wenig einträglichen Beruf.

Nebenan hat sich das Restaurant **Estrela do Norte** eingerichtet (Tel. 291 98 2365), wo man auf der gemütlichen Terrasse den bernsteinfarbenen Inselwein *(Verdelho)* probieren sollte. Vorsicht: Unter der Sonne Porto Santos erreicht er einen Alkoholgehalt von 13 Vol.-%.

Im Norden

An der Landebahn des Flughafens vorbei geht es durch die Weinfelder von Camacha zur bizarren Nordküste. Hier sprudelt die **Fonte da Areia ㊹** aus mächtigen, vom Wind geschliffenen Kalksandschichten hervor. Das Quellwasser gilt als heilkräftig, ja sogar als Jungbrunnen. In dem kleinen Quellhäuschen kann man das Wasser direkt auf seine Wirkung testen. Im Nordosten der Insel wird es gebirgiger, hier steht auch der mit 517 m höchste Berg der Insel, der **Pico do Facho ㊺**. Die Inselhauptstraße passiert die winzigen Bauerndörfer Serra de Dentro und Serra de Fora und erreicht beim Aussichtspunkt **Portela ㊻** wieder die Südküste. Von hier präsentiert sich der Strand von Vila Baleira in voller Länge.

Fahrt an die Südspitze

Südlich der Inselhauptstadt lohnt sich ein Abstecher nach **Campo de Cima ㊼** wegen der zahlreichen Windmühlen, von denen noch einige funktionsfähig sind. In **Campo de Baixo ㊽** und **Ponta ㊾** schießen die Ferienhäuser wohlhabender Ausländer wie Pilze aus dem Boden. Einige komfortable Hotels sind in Cabeço do Ponta entstanden, doch gibt es noch viel Platz.

Tipp Der Reitstall von Ponta verleiht Pferde und organisiert Kutschfahrten, Tel. 291 98 3165.

An der Südwestspitze, der ***Ponta da Calheta ㊿**, locken bizarre Küstenfelsen zu Erkundungsgängen. Man blickt auf die unbewohnte Ilhéu de Baixo, die wie ein Schweizer Käse durchlöchert ist. Einst baute man dort Kalkgestein ab (s. Kasten S. 97).

Infos

Delegação do Governo Regional, Porto Santo, Avenida Henrique Vieira de Castro, Tel. 291 98 2361; Mo–Fr 9–17.30 Uhr, Sa 9–12.30 Uhr.

Flugverbindungen: Funchal, ca. 4-mal tgl., Flugzeit 15 Min., Preis (hin und zurück) etwa 14 €; Lissabon, ca. 1-mal wöchentlich.
Busverbindungen: Von der Hauptstadt ca. 3-mal täglich nach Camacha, Calheta, Campo de Cima, Serra de Fora, Campo de Baixo sowie zum Hafen bei Ankunft / Abfahrt der Fähre.
Fährverbindungen: Funchal, Mi–Mo ca. 1- bis 2-mal, ca. 2 Std. 45 Min. (hin und zurück ca. 50 €).

Porto Santo, Campo de Baixo, Tel. 291 98 0140, Fax 291 98 0149, www.hotelportosanto.com. Am Strand, großer Garten. ○○○
- **Torre Praia Suite Hotel,** Rua Goulart Medeiros, Tel. 291 98 5292, Fax 291 98 2487. Neues Aparthotel am Strand. ○○○
- **Luamar Suite Hotel,** Cabeço da Ponta, Tel. 291 98 4121, Fax 291 98 3100, www.luamar.net. Am Strand. ○○○
- **Praia Dourada,** Rua Dr. Pedro Lomelino, Tel. 291 98 2316, Fax 291 98 2484. Zentral, ruhig. ○○
- **Residenz Theresia,** Campo de Baixo, Tel. 291 98 3683, Fax 291 98 3300. Direkt am Strand. ○

Marques, Rua João Santana 9, Tel. 291 98 2319. Gute inseltypische Küche. ○
- **Pôr-do-Sol,** Ponta da Calheta. Frische Fischgerichte. ○○

Infos von A–Z

Ärztliche Versorgung

Gesundheitszentren *(Centro de Saúde)* für ärztliche Hilfe gibt es auf Madeira in allen größeren Orten, auf Porto Santo in der Hauptstadt.

Ein regionales Krankenhaus findet man in Funchal: Av. Luís de Camões, Tel. 2 91 74 21 11. Einziger auf Madeira praktizierender deutscher Arzt ist Dr. Pierre Curado, Caniço de Baixo, Casa A-1-A, Tel. 291 93 2218, 965 07 5100

Diplomatische Vertretungen

Portugiesische Botschaften:
- 10117 Berlin, Zimmerstr. 56, Tel. (0 30) 59 00 63-5 00, Fax 59 00 63-6 00.
- 1010 Wien, Opernring 1–3, Tel. (01) 58 67 53 60, Fax 5 87 58 39.
- 3015 Bern, Weltpoststr. 20, Tel. (0 31) 3 51 17 73, Fax 3 51 44 32.

Auf Madeira:
- **Deutsches Konsulat** (auch für die Schweiz zuständig): Funchal, Largo do Phelps 6, Tel. 291 22 0338, Fax 291 23 0108; Öffnungszeiten: Mo–Fr 10–12.30 Uhr.
- **Österreichisches Honorarkonsulat:** Miltones Viagens, Funchal, Rua Imperatriz D. Amélia Ed. Princesa, Tel. 291 20 6103, Fax 291 28 1620; Öffnungszeiten: Mo–Fr 9–13, 15–18 Uhr.

Einreise

EU-Bürger müssen nach drei Monaten Aufenthalt eine Aufenthaltsgenehmigung beantragen. Urlaubsreisende mit Schweizer Nationalität benötigen nach drei Monaten ein Visum. Für die Einreise genügen Personalausweis bzw. Identitätskarte oder Reisepass.

Elektrizität

220 V Wechselstrom.

Feiertage

1. Januar, Karfreitag, 25. April (Jahrestag der »Nelkenrevolution«), 1. Mai, 10. Juni (Nationalfeiertag), Fronleichnam, 1. Juli (Madeira-Tag), 15. August (Mariä Himmelfahrt), 21. August (Feiertag der Stadt Funchal), 5. Oktober (Tag der Republik), 1. November, 1., 8., 25. Dezember sowie Lokalfeiertage.

Fotografieren

Film- und Fotomaterial ist teurer als in Deutschland. Abzüge werden günstig und schnell angefertigt.

Geld und Währung

Portugal gehört zur Euro-Zone. Für Reisende aus Deutschland und Österreich entfällt daher der Geldumtausch. Für 1 CHF bekommt man ca. 0,69 € (Stand: April 2002).

Euro-Reiseschecks kann man in Banken einlösen. Auch werden sie in manchen Hotels akzeptiert. Dabei fallen allerdings recht hohe Gebühren an. Günstiger hebt man mit ec-Karte Euros an allen Geldautomaten *(Caixa electrónica, Caixa automática)* ab.

Kreditkarten (vor allem Visa, Eurocard) finden zunehmend Verbreitung. In kleineren Lokalen und Geschäften ist Barzahlung üblich.

Haustiere

Madeira verlangt für Hunde ein amtstierärztliches Attest und ein Tollwutimpfzeugnis (darf nicht älter als ein Jahr und nicht jünger als 30 Tage sein).

Information

- **In Deutschland:** Portugiesisches Touristikamt, Schäfergasse 17, 60313 Frankfurt/M., Tel. (0 69) 23 40 94, Fax 2314 33.
- **In Österreich:** Portugiesisches Touristikzentrum, Opernring 1, 1010 Wien, Tel. (01) 5 85 44 50-0, Fax 5 85 44 45.
- **In der Schweiz:** Portugiesisches Verkehrsbüro, Badenerstrasse 15, 8004 Zürich, Tel. (01) 2 41 00 01/05, Fax 2 41 00 12, 2 41 03 13.
- **Auf Madeira** wende man sich an: Direcção Regional de Turismo, Avenida Arriaga 18, 9000 Funchal, Tel. 291 22 9057, Fax 291 23 2151.
- **Madeira im Internet:** www.madeira-aktuell.de (deutschsprachiges Info-Magazin); www.madeira-web.com (Tipps und Infos in deutscher Sprache); www.madeira-news.de (deutschspr.); www.madeiraonline.com (vorwiegend auf Englisch, z.T. Deutsch).

Kleidung

Ausgesprochenes Sommerwetter erlebt man auch auf Madeira nur von Juli bis September. Für die übrige Zeit sollte man Pullover und eine Jacke einpacken. In höheren Lagen kann es im Winter sehr frisch werden. Regenfälle sind meist nur von kurzer Dauer, doch gehört ein Regenschutz ins Gepäck.

Krankenversicherung

Mitglieder einer gesetzlichen Krankenkasse in einem EU-Land können sich in Portugal ohne Formalitäten behandeln lassen. Die Kosten dafür werden zu Hause gegen Rechnung erstattet. Ein Krankenhausaufenthalt wird nach wie vor durch einen Urlaubskrankenschein erleichtert; Umtausch in einen portugiesischen Krankenschein bei: **Direcção Regional de Saúde Pública,** Rua das Pretas 1, Funchal.

Kriminalität

Madeira ist ein sicheres Reiseziel. Geld und Wertgegenstände sind dennoch am besten im Hotelsafe aufgehoben.

Notruf

Polizei und Krankenwagen erreicht man Tag und Nacht unter Tel. 1 12.

Öffnungszeiten

- **Geschäfte:** gewöhnlich Mo–Fr 9–13, 15–19 Uhr, Sa 9–13 Uhr. Einkaufszentren haben abends und auch am Wochenende länger geöffnet.
- **Banken:** Mo–Fr 8.30–15 Uhr, teils auch bis 19 Uhr und Sa Vormittag.
- **Postämter** öffnen sehr unterschiedlich, meist aber Mo–Fr 9–19Uhr.

Post

Das Porto für eine Postkarte oder einen Brief in europäische Länder beträgt 0,54 €. Postämter *(correios)* erkennt man am CTT-Schild. Nur dort und in lizenzierten Verkaufsstellen erhält man Briefmarken *(selos)*.

Radio

Rádio Turista sendet auf UKW 96 mHz und MW 1485 kHz deutsche Informationen und Nachrichten. Sendezeit: täglich außer Samstag 9–9.30 Uhr.

Souvenirs

Madeira-Stickerei hat, da echte Handarbeit, ihren Preis. Das größte Sortiment bieten die Stickereifabriken in Funchal an, z.B. die Firma Patricio & Gouveia, Rua Visconde da Anadia 33. **Korbwaren** (ebenfalls Handarbeit), kauft man in Camacha (s. S. 67) oder Funchal (z. B. auf dem Markt, bei Unibasket, Rua do Carmo 42, oder bei der Cooperativa Vimescope, Rua da Carreira 102). Sperrige Gegenstände kann man per Schiffsfracht nach Hause schicken oder als Fluggepäck mitnehmen (nach Anfrage bei der Airline).

Madeira-Wein lässt sich in Spezialkartons verpackt mit nach Hause nehmen. Am besten erwirbt man ihn in den Probierstuben der Weinexportfirmen in Funchal (s. S. 42). Auch **Blumen** werden auf Anfrage transportsicher verpackt. Strelitzien, Orchideen und Flamingoblumen erhält man in der Markthalle von Funchal oder auf dem kleinen Blumenmarkt nahe der Kathedrale. Portugiesische *Schuhe* sind gut und preisgünstig.

Telefon

Internationale Gespräche sind von Telefonzellen mit Telefonkarten (erhältlich bei der Post) oder (seltener) mit Münzen sowie in Postämtern möglich.

- **Vorwahlen:**

Deutschland 00 49, Österreich 00 43, Schweiz 00 41. Madeira hat von Mitteleuropa aus die Vorwahl 00 351.

Trinkgeld

In Hotels und Restaurants ist das Bedienungsgeld im Rechnungsbetrag enthalten. Es ist üblich, bei zufrieden stellendem Service 5 bis 10 % extra zu geben. Gepäckträger erwarten pro Koffer ca. 0,75 €, Zimmermädchen ca. 3 € pro Woche und Person.

Zeit

Madeira ist ganzjährig eine Stunde hinter der MEZ zurück.

Zeitungen

Mit eintägiger Verspätung erhält man alle großen deutschen Tageszeitungen und Zeitschriften. Die kostenlos in den Hotels und beim Fremdenverkehrsamt ausliegenden deutschsprachigen Zeitungen »Madeira Aktuell« und »Madeira Holiday« informieren über Ereignisse auf der Insel.

Zollbestimmungen

Für Reisende aus EU-Ländern sind Artikel des persönlichen Gebrauchs zollfrei. Für die Einreise in die Schweiz gelten folgende Freimengen pro Person über 18 Jahre: 200 Zigaretten oder 250 g Tabak oder 50 Zigarren, 2 l Wein, 1 l Spirituosen (über 15 Vol.-%) oder 2 l Madeira-Wein sowie Geschenke bis zum Wert von 200 CHF.

Langenscheidt Mini-Dolmetscher Portugiesisch

Allgemeines

Guten Tag.	Bom dia. [bõ **dia**]
Hallo!	Olá! [o**la**]
Wie geht's?	Como está? [**ko**mu‿isch**ta**]
Danke, gut.	Tudo bem, obrigado (m.) / obrigada (w.). [**tu**du bẽj ubri**ga**du / ubri**ga**da]
Ich heiße ...	Chamo-me ... [**scha**mu‿me]
Auf Wiedersehen.	Até logo / Adeus. [a**te lo**gu / a**de**·usch]
Morgen	manhã [ma**njã**]
Nachmittag / Abend	tarde [**tar**də]
Nacht	noite [**noj**tə]
morgen	amanhã [ama**njã**]
heute	hoje [**o**schə]
gestern	ontem [**õn**tẽj]
Sprechen Sie Deutsch / Englisch?	Fala alemão / inglês? [**fa**la‿alə**mãu** / in**glesch**]
Wie bitte?	Como, desculpe? [**ko**mu di**sch**kulpə]
Ich verstehe nicht.	Não entendo. [nãu ĩn**tẽn**du]
Sagen Sie es bitte nochmals.	Se faz favor, repita. [sə **fasch** fa**wor** re**pi**ta]
Bitte, ...	Se faz favor, ... [sə **fasch** fa**wor**]
danke	obrigado (m.) / obrigada (w.) [ubri**ga**du / ubri**ga**da]
Keine Ursache.	De nada. [də **na**da]
was / wer / welcher	o que / quem / qual [u ke / kẽj / kwal]
wo / wohin	onde / para onde [**õn**də / **pa**ra **õn**də]
wie / wie viel	como / quanto [**ko**mu / **kwãn**tu]
wann / wie lange	quando / quanto tempo [**kwãn**du / **kwãn**tu **tẽm**pu]
warum	porquê [pur**ke**]
Wie heißt das?	Como se diz? [**ko**mu sə di**sch**]
Wo ist ...?	Onde está ...? Onde fica ...? [**õn**də‿isch**ta** / **õn**də‿**fi**ka]
Können Sie mir helfen?	Podia-me ajudar? [pu**dia**‿mə aschu**dar**]
ja	sim [sĩ]
nein	não [nãu]
Entschuldigen Sie.	Desculpe. [di**schkul**pə]
Das macht nichts.	Não faz nada. [nãu fasch **na**da]

Sightseeing

Gibt es hier eine Touristeninformation?	Há por aqui uma informação turística? [**a** pur‿**aki u**ma ĩnfurma**ßãu** tu**risch**tika]
Haben Sie einen Stadtplan / ein Hotelverzeichnis?	Tem um mapa da cidade / uma lista dos hotéis? [tẽj ũ‿**ma**pa da ßi**da**də / **u**ma **lisch**ta dus‿o**teisch**]
Wann ist das Museum geöffnet / geschlossen?	A que horas o museu está aberto / fechado? [a ki‿**o**rasch u mu**seu** isch**ta**‿a**ber**tu / fe**scha**du]
Wann ist die Kirche / die Ausstellung geöffnet / geschlossen?	A que horas a igreja / a exposição está aberta / fechada? [a ki‿**o**rasch a i**gre**scha / a ischpusi**ßãu** isch**ta** a**ber**ta / fe**scha**da]

Shopping

Wo gibt es ...?	Onde há ...? [**õn**də **a**]
Wie viel kostet das?	Quanto custa isto? [**kwãn**tu **kusch**ta **isch**tu]
Das ist zu teuer.	É caro demais. [e **ka**ru də**maisch**]
Das gefällt mir (nicht).	Eu (não) gosto disso. [eu (nãu) **gosch**tu **di**ssu]
Gibt es das in einer anderen Farbe / Größe?	Existe esse modelo noutra cor / noutro tamanho? [e**sisch**tə **es**sə mo**de**lu **no**tra **kor** / **no**tru ta**ma**nju]
Ich nehme es.	Levo isto. [**le**wu **isch**tu]
Wo ist hier eine Bank?	Onde há um banco? [**õn**də a ũ‿**bãn**ku]
Ich suche einen Geldautomaten.	Onde posso encontrar uma caixa automática? [**õn**də **po**ssu inkõn**trar** uma **kai**scha‿autu**ma**tika]
Ich möchte 100 g Käse / zwei Kilo Orangen.	Queria cem gramas de queijo / dois kilos de laranjas. [ke**ri**a sẽj **gra**masch də **kej**schu / dojsch **ki**lusch də la**rãn**schasch]
Haben Sie deutsche Zeitungen?	Tem jornais alemães? [tẽj schur**najsch** alə**mãjsch**]
Wo kann ich telefonieren / eine Telefonkarte kaufen?	Onde posso telefonar / comprar um cartão de telefone? [**õn**də **po**ssu telefu**nar** / kõm**prar**‿ũ kar**tãu** də tele**fo**nə]

Notfälle

Ich brauche einen Arzt / Zahnarzt.	Preciso de um médico / um dentista. [pre**ßi**su də ũ‿**me**diku / ũ‿dẽn**tisch**ta]
Rufen Sie bitte einen Krankenwagen / die Polizei.	Chame, se faz favor, uma ambulância / a polícia. [**scha**mə sə fa~~sch~~ fa**wor** **u**ma ãmbu**lã**ßia / a po**li**ßia]
Wir hatten einen Unfall.	Tivemos um acidente. [ti**we**musch ũ aßi**den**tə]
Wo ist das nächste Polizeirevier.	Onde fica o posto de polícia mais próximo? [õndə **fi**ka u **posch**tu də po**li**ßia maisch **pro**ßimu]
Ich bin bestohlen worden.	Fui roubado. [**fui** ro**ba**du]
Mein Auto ist aufgebrochen worden.	Assaltaram-me o carro. [asal**ta**rãu‿mə u **ka**ru]

Essen und Trinken

Die Speisekarte bitte.	A ementa, se faz favor. [a e**mẽn**ta sə fa~~sch~~ fa**wor**]
Brot	pão [pãu]
Kaffee	café [ka**fe**]
Tee	chá [scha]
mit Milch / Zucker	com leite / açúcar [kõ **lei**tə / a**ßu**kar]
Orangensaft	sumo de laranja [**ßu**mu də la**rãn**~~sch~~a]
Suppe	sopa [**ßo**pa]
Fisch / Meeresfrüchte	peixe / mariscos [**pei**schə / ma**risch**kusch]
Fleisch / Geflügel	carne / aves [**kar**nə / **a**wəsch]
vegetarisches Gericht	prato vegetariano [**pra**to wə~~sch~~ətar**ja**nu]
Eier	ovos [**o**wusch]
Salat	salada [sa**la**da]
Dessert	sobremesa [sobrə**me**sa]
Obst	fruta [**fru**ta]
Eis	gelado [~~sch~~ə**la**du]
Wein	vinho [**win**ju]
weiß / rot / rosé	branco / tinto / rosé [**brãn**ku / **tĩn**tu / ro**se**]
Bier	cerveja [ser**we**~~sch~~a]
Aperitif	aperitivo [aperi**ti**wu]
Wasser	água [**a**gwa]
Mineralwasser	água mineral [**a**gwa mine**ral**]
mit / ohne Kohlensäure	com gas / sem gas [kõ gas / ßẽj gas]
Limonade	limonada [limo**na**da]
Frühstück	pequeno almoço [pə**ke**nu al**mo**ßu]
Mittagessen	almoço [al**mo**ßu]
Abendessen	jantar [~~sch~~ãn**tar**]
eine Kleinigkeit	uma coisa pequena [uma **koj**sa pə**ke**na]
Ich möchte bezahlen.	A conta, se faz favor. [a **kõn**ta, sə fa~~sch~~ fa**wor**]
Das Essen war sehr gut / nicht so gut.	Gostei muito da comida. / Não, não gostei muito da comida. [gosch**tej** mũjtu da ko**mi**da / nãu nãu gosch**tej** mũjtu da ko**mi**da]

Im Hotel

Ich suche ein gutes / nicht zu teures Hotel.	Estou procurando um bom hotel / um hotel econômico. [**isch**tou proku**rãn**du ũ bõ o**tel** / ũ o**tel** ekono**mi**ku]
Ich habe ein Zimmer reserviert.	Eu reservei um quarto. [eu reser**wei** ũ **kwar**tu]
Ich suche ein Zimmer für … Personen.	Eu estou procurando um quarto para … pessoas. [eu **isch**tou proku**rãn**du ũ **kwar**tu **pa**ra … pes**so**əsch]
Mit Dusche und Toilette.	Com chuveiro e toalete. [kõ schu**wej**ru i twa**le**tə]
Mit Balkon und Blick aufs Meer.	Com varanda / vista para o mar. [kõ wa**rãn**da / **wisch**ta para u mar]
Wie viel kostet es pro Nacht?	Quanto é a diária? [**kwãn**tu e a diaria]
Mit Frühstück?	Com pequeno almoço? [kõ pə**ke**nu al**mo**ßu]
Kann ich das Zimmer sehen?	Posso ver o quarto? [**po**ssu wer u **kwar**tu]
Haben Sie ein anderes Zimmer?	Não têm outro quarto? [nãu tẽj otru **kwar**tu]
Das Zimmer gefällt mir (nicht).	Eu (não) gosto deste quarto. [eu (nãu) **gosch**tu **des**tə **kwar**tu]
Kann ich mit Kreditkarte bezahlen?	Posso pagar com cartão de crédito? [**po**ssu pa**gar** kõ kar**tãu** də **kre**ditu]
Wo kann ich parken?	Onde posso estacionar? [**õn**də **po**ssu ischtasio**nar**]
Können Sie das Gepäck in mein Zimmer bringen?	Podem levar a bagagem para o meu quarto? [**po**dẽj le**war** a ba**ga**~~sch~~ẽj **pa**ra u meu **kwar**tu]
Haben Sie einen Platz für ein Wohnmobil?	Têm lugar para um carro camping? [tẽj lu**gar** para ũ karu kam**ping**]
Wir brauchen Strom / Wasser.	Precisamos de corrente eléctrica / água [preßi**sa**mus də ko**rẽn**tə i**le**trika / agwa]

Orts- und Sachregister

Personenregister

Zeichenerklärung

Unsere Preissymbole bedeuten:

Hotel (DZ):	
❍❍❍	ab 120 €
❍❍	60–120 €
❍	30–60 €

Restaurant (Hauptgericht):	
❍❍❍	ab 10 €
❍❍	7,50–10 €
❍	unter 7,50 €

Polyglott im Internet: www.polyglott.de,
im Shell GeoStar unter www.ShellGeoStar.com,
im Travel Channel unter www.travelchannel.de

Ergänzende Anregungen bitten wir zu richten an:
Polyglott Verlag, Redaktion, Postfach 40 11 20, 80711 München.
E-Mail: redaktion@polyglott.de

Impressum

Herausgeber: Polyglott-Redaktion
Autorin: Susanne Lipps
Lektorat: Dorothee Kern
Layout: Ute Weber, Geretsried
Karten und Pläne: Annette Buchhaupt
Titeldesign-Konzept: Independent Medien-Design
Satz: Tim Schulz, Dagebüll
Satz Special: Ute Weber, Geretsried

Komplett aktualisierte Auflage 2002

Printed in Germany
ISBN 3-493-58805-4
Dieses Buch wurde auf chlorfrei gebleichtem Papier gedruckt.

Das unverwechselbare Polyglott-Sternchensystem

*** **eine eigene Reise wert** ** **einen Umweg wert** * **sehr sehenswert**

** **Funchal** (S.36)
* Sé (S. 43)
* Mercado dos Lavradores (S. 44)
* Museu de Arte Sacra (S. 48)
* Quinta das Cruzes (S. 49)
* Jardim Botânico (S. 54)

** Monte (S. 54 ff.)
** Ponta de São Lourenço (S. 72)

** Pico do Arieiro (S. 77 f.)
** Sao Vicente (S. 82 ff.)

* Curral das Freiras (S. 58)
* Machico (S. 59)
* Blandy's Garden (S. 66)
* Camacha (S. 66 f.)
* Santana (S. 80 f.)
* Cabo Girão (S. 86)

Madeira im Internet

www.madeiratourism.org
www.madeira-abc.com
www.madeira-aktuell.de
www.madeiraonline.com
www.madeira-web.com
www.madeira-news.de
www.madeira-island.com
www.madeira-wandern.com
www.madeirawine.com
www.madeira-golf.com

Die Autorin

Susanne Lipps

Die promovierte Geografin besucht Madeira als Studienreiseleiterin mehrmals im Jahr und kennt die Insel wie ihre Westentasche. Ihre hervorragenden Gebietskenntnisse sind in zahlreiche Reise- und Wanderführer eingeflossen, die bei verschiedenen Verlagen erschienen sind.